Felicitas Zeitz/Florian Zeitz

Leseförderung mit tollen Schul-Geschichten

Kompetenzorientierte Aufgaben und Tests

Die Autoren: Felicitas Zeitz arbeitete als Grundschullehrerin und war zuletzt Schulleiterin an einer Grundschule.

Florian Zeitz ist Erzieher und Hortkoordinator an einer Berliner Grundschule – mit langjähriger Erfahrung im Geschichtenerzählen für Kinder in den Klassenstufen 1 bis 6.

Gedruckt auf umweltbewusst gefertigtem, chlorfrei gebleichtem
und alterungsbeständigem Papier.

1. Auflage 2011
© Persen Verlag GmbH, Buxtehude
Alle Rechte vorbehalten

2. Auflage 2013
© Persen Verlag
AAP Lehrerfachverlage GmbH, Hamburg
Alle Rechte vorbehalten

Das Werk als Ganzes sowie in seinen Teilen unterliegt dem deutschen Urheberrecht. Der Erwerber des Werkes ist berechtigt, das Werk als Ganzes oder in seinen Teilen für den eigenen Gebrauch und den Einsatz im Unterricht zu nutzen. Die Nutzung ist nur für den genannten Zweck gestattet, nicht jedoch für einen weiteren kommerziellen Gebrauch, für die Weiterleitung an Dritte oder für die Veröffentlichung im Internet oder in Intranets. Eine über den genannten Zweck hinausgehende Nutzung bedarf in jedem Fall der vorherigen schriftlichen Zustimmung des Verlages.

Illustrationen: Julia Flasche
Satz: MouseDesign Medien AG, Zeven

ISBN 978-3-8344-**3074**-8

www.persen.de

Inhaltsverzeichnis

Didaktisch-methodischer Kommentar ... 4

Schulgeschichten
mit Aufgaben zur Texterschließung und Denkanstößen zum richtigen Verhalten

1 Das Mathe-Genie ... 6

2 Mobbing ... 11

3 Die Mutprobe ... 16

4 Eine Burggeschichte ... 21

5 Geklaut ... 27

6 Das Gebiss ... 31

7 Das Gespenst im Schuppen ... 36

8 Im Schwimmbad ... 41

9 Reingelegt ... 46

Schulgeschichten
mit Tests

10 Eine Wand für alle ... 51

11 Der Glücksbringer ... 54

12 Die Kajakfahrt ... 57

Lösungen ... 60

Ditaktisch-methodischer Kommentar

Lesefähigkeit ist ein erstrangiges Bildungsziel. Mangelnde Lesekompetenz führt dazu, dass Kinder, unabhängig von ihren intellektuellen Fähigkeiten, dem Unterricht nicht in ausreichendem Maße folgen können. Vielfach sind Defizite im Lesevermögen auf fehlende Förderung im Kleinkindalter zurückzuführen. Kompensatorische Fördermaßnahmen sollten deshalb in der Grundschule möglichst gezielt und systematisch stattfinden.

Für den mühevollen Prozess des Lesenlernens ist an erster Stelle eine hinreichende **Lesemotivation** erforderlich. Es geht für die Kinder nicht nur darum, lesen zu können, sondern dies auch zu wollen. Über spannende Geschichten aus der Alltagswelt gleichaltriger Kinder werden mit diesem Buch die Schüler zum Lesen motiviert und erfahren so, welch großes Vergnügen Lesen bereiten kann.

Rund um lebensnahe Konflikte lernen die Kinder dabei, Situationen ganzheitlich zu erfassen, und werden über das Begleitmaterial gezielt in der Entwicklung von Empathie, personeller und sozialer Kompetenz gefördert.

Erarbeitete **Lesestrategien** dienen als Hilfe zur Texterschließung. So wird sichergestellt, dass der Erwerb der Sachkompetenz des Lesens beim Schüler mit einer Entwicklung methodischer Kompetenzen einhergeht. Lesestrategien sind aber nur hilfreich, wenn die Schüler sie eigenständig bewusst und zielgerichtet einsetzen können. Darum müssen die Schritte zur Texterschließung konsequent eingeübt werden. Es ist wichtig, dass die Lehrerinnen und Lehrer die notwendigen Strategien gemeinsam mit den Schülern erarbeiten und gegebenenfalls auch durch Beispiele demonstrieren.

Während gute Leser oft sehr schnell die Strategien als hilfreich erkennen und anwenden, ist die strategische Kompetenz bei schwachen Lesern nur durch **ständiges Üben** zu erreichen. Da schwache Leser oft gar nicht wahrnehmen, dass sie etwas nicht verstanden haben, ist es wichtig, den Schülern dabei zu helfen, durch selbstständiges Hinterfragen die unverstandenen Textstellen aufzudecken.

Ziel ist es, das strategische Lesen geläufig zu beherrschen.

Strategien, die den Schülern beim Leseverständnis helfen, sind z. B.:

▷ sich bewusst werden, welche Erwartungen die Überschrift erweckt
▷ den Text langsam (vielleicht auch im Lautlese-Tandem*) und genau lesen
▷ Unverstandenes markieren und klären: durch Nachdenken, durch Suchen nach Erklärungen im Text, durch Nachschlagen in Lexika oder durch Nachfragen bei Lehrern, Mitschülern oder Eltern
▷ den Text in Abschnitte gliedern
▷ Schlüsselwörter markieren
▷ einzelne Textpassagen mit eigenen Worten zusammenfassen

Die Arbeitsblätter enthalten Aufgaben, die mithilfe der Lesestrategien gelöst werden können. Außerdem werden Übungen zur Wortschatzerweiterung angeboten.

Pro Geschichte gibt es zwei Arbeitsblätter: eins für Kinder mit größerem Entwicklungsbedarf und eins für leistungsstärkere Kinder. So stehen Lehrerinnen und Lehrern mit diesem Material **differenzierte Einsatzmöglichkeiten** sowohl im Regelunterricht als auch im Förderunterricht zur Verfügung.

---

* Lautlese-Tandem: Ein lesestarker Schüler (der Trainer) und ein leseschwacher Schüler (der Sportler) lesen synchron laut den Text bzw. Textteile.

Im Sinne des ganzheitlichen Lernens schließen sich **Fragen zum sozialen Lernen** an. Hierbei werden die Schüler aufgefordert, Kernsituationen zu erfassen und die Tragweite von Verhaltensweisen einzuschätzen. Naturgemäß gibt es auf Soziallernfragen keine richtigen oder falschen Antworten, sondern nur solche, die eine stärkere oder geringere soziale Reife des Kindes indizieren.

Im Anschluss an die Übungen enthält das Buch drei Tests. Diese bestehen genau wie die Übungen aus Lesetexten und anschließenden Aufgaben zur Texterschließung. Hierbei haben wir jedoch bewusst auf Differenzierung verzichtet.

Wir wünschen allen Lehrerinnen und Lehrern viel Spaß und gute Erfolge mit den Lesetrainingstexten.

Felicitas Zeitz & Florian Zeitz

Das Mathe-Genie

„Gesine, warte doch mal!" Kilian rennt die letzten Meter auf Gesine zu.
„Ich versuche schon die ganze Zeit, dich einzuholen!"
5 „Was gibt's denn?", fragt Gesine, während sie sich den Rest ihres Brötchens in den Mund stopft.
Gesine ist Kilians Cousine. Sie wohnen nebeneinander und sind schon zusammen in den Kindergarten gegangen.
Kilian stöhnt: „Die Hausaufgaben! Mathe war ja wohl krass schwer gestern! Was sagst du dazu als ‚Mathe-Genie'? Die vierte Sachaufgabe fand ich besonders
15 schwer. Bei mir kam 56 cm raus."
„Echt? 56?", sagt Gesine mit vollem Mund. „Nee, bei mir kam was anderes raus!"
Kilian seufzt: „Also doch! Hab ich's also
20 doch wieder falsch gerechnet!"
Hastig nimmt er seinen Ranzen herunter und kramt darin herum. „Zeig mir mal, wie du ... oh nein! Jetzt hab' ich das Heft zu Hause liegen lassen."
25 Entsetzt sieht Kilian Gesine an.
„Nach Hause schaffst du es nicht mehr", sagt sie. „Aber warte mal ..., ich hab 'ne Idee. Beierlein lässt doch immer die Hausaufgaben vorlesen. Ich werd' mich
30 sofort melden, und wenn ich dran war, schiebe ich dir das Heft unter dem Tisch zu."
Kilian hat kein gutes Gefühl dabei.
„Ich weiß nicht", murmelt er unsicher.
35 „Denk doch mal dran, was Beierlein immer für 'ne Show abzieht, wenn man mal was vergessen hat. Und sagt er nicht immer, dass wir uns gegenseitig bei den Hausaufgaben helfen sollen?"
40 „Ich glaube nicht, dass das so gemeint war!" Zögernd geht Kilian hinter Gesine her in die Klasse.

Das Mathe-Genie

Kurz nach dem Gongton betritt Herr Beier den Klassenraum. Kilian rutscht
45 unruhig auf seinem Stuhl hin und her.
Nach der Begrüßung sagt Herr Beier wie immer: „Holt mal die Hausaufgaben raus."
Mit Herzklopfen legt Kilian sein Deutsch-
50 heft auf den Tisch und tut so, als ob er darin die Matheaufgaben lesen würde.
Gleichzeitig beobachtet er Gesine, die vor ihm sitzt und sich wie wild meldet.
Schließlich nimmt Herr Beier sie auch
55 dran.
Nachdem sie einige Divisionsaufgaben vorgelesen hat, kommt ein anderer Schüler an die Reihe. Geschickt lässt Gesine das Mathematikheft auf den
60 Boden gleiten.
Kilian versucht, das Heft mit dem Fuß zu erreichen, doch es klappt nicht. So weit wie möglich rutscht er nach unten und tastet verzweifelt nach dem Heft.
65 Als er schon aufgeben will, erreicht er es mit der rechten Fußspitze. Zentimeter für Zentimeter kann er das Heft zu sich heranziehen. Endlich liegt es unter seinem Tisch.
70 „Und die vierte Sachaufgabe hat wirklich keiner gelöst?", hört Kilian Herrn Beier fragen. „Nicht mal du, Gesine?"
Oh Mist! Aufgeregt überlegt Kilian, ob er das Heft wieder zu Gesine zurückschie-
75 ben soll. Mit einem Blick in Richtung Gesine, die hilflos mit den Schultern zuckt, beugt sich Kilian schließlich nach unten. Er schnappt sich das Heft, blättert es hastig auf und meldet sich: „Ich äh,
80 Moment ... ich weiß es! 336 cm : 8 = 42 cm. Die Strecke ist 42 cm lang."

„Leider auch nicht richtig", antwortet Herr Beier.
Kilian stutzt. Wie? Gesines Lösung nicht
85 richtig?
„Da hab ich mir wohl eine zu schwierige Aufgabe für euch ausgedacht", sagt Herr Beier. „Wir werden die Aufgabe jetzt mal gemeinsam lösen."
90 Fassungslos verfolgt Kilian, wie seine Mitschüler mit Herrn Beiers Hilfe zum richtigen Ergebnis kommen: 56 cm.
Genau wie ich, denkt Kilian. Und ich Trottel lasse mein Heft zu Hause. Na toll!
95 Jetzt hätte ich doch mal als Mathe-Genie dastehen können.

War Kilians kleiner Betrug harmlos, oder hätte er auf jeden Fall zugeben sollen, dass er sein Heft vergessen hat? Was denkst du?

Wie hätte Kilian reagieren sollen, als Gesine noch einmal aufgerufen wurde?

Aufgaben zur Texterschließung

1. Weißt du, was das Wort „Genie" bedeutet?

☐ ein hochbegabter Mensch ☐ ein Spitzensportler
☐ ein Mensch, der gut rechnen kann

2. In dieser Geschichte kommen zwei Kinder vor.

Der Junge heißt: _____ Das Mädchen heißt: _____

3. Welcher Text stimmt?

a) ☐ Kilian hat vergessen, seine Mathe-Hausaufgaben zu machen. Darum liest er Gesines Lösung vor. Kilian ärgert sich, weil Gesines Ergebnis falsch ist.

b) ☐ Kilian hat sein Matheheft zu Hause liegen lassen. Darum liest er Gesines Lösung vor, die aber falsch ist. Kilian ärgert sich, weil er zu Hause das richtige Ergebnis herausbekommen hatte.

4. Was bedeuten diese Wörter?

stopfen	seufzen	murmeln	brummeln
kramen	quetschen	klappen	sich schnappen
stöhnen	wühlen	greifen	gelingen

Wenn in dem Text noch andere Wörter sind, die du nicht kennst, frage deine Lehrerin oder schlage im Lexikon nach.

5. Der Text lässt sich in drei Abschnitte einteilen. Suche die passenden Überschriften dazu.

Einleitung: _____

Hauptteil: _____

Schluss: _____

Kilian in Schwierigkeiten – Ein überraschendes Ergebnis – Auf dem Schulweg

Arbeite mit einem Partner zusammen.

6. Suche mit deinem Partner in der Geschichte die 10 wichtigsten Wörter. Unterstreicht sie.

7. Erzähle deinem Partner, was an dem Tag auf dem Schulweg geschieht.

8

Felicitas Zeitz/Florian Zeitz: Leseförderung mit tollen Schul-Geschichten
© Persen Verlag

Aufgaben zur Texterschließung

1. Welche Überschrift würde auch zu der Geschichte passen? Kreise ein.

Kilians Kampf   Gesine hat Probleme   Kilian in Not   Ein lustiger Vormittag

2. Hier stehen zwei Kurzfassungen der Geschichte. Welcher Text stimmt?

a) ☐ Kilian und Gesine gehen zur Schule. Unterwegs stellt Kilian fest, dass er gestern vergessen hat, seine Mathe-Hausaufgaben zu machen. Aber Gesine legt heimlich ihr Heft auf den Boden vor Kilians Platz, damit der Lehrer nichts merkt. Leider hat Gesine nicht richtig gerechnet, sodass Kilian ein falsches Ergebnis vorlesen muss.

b) ☐ Kilian und Gesine gehen zur Schule. Unterwegs stellt Kilian fest, dass er sein Mathematikheft zu Hause liegen gelassen hat. Doch Gesine schiebt ihm im Unterricht heimlich ihr Heft zu, damit Kilian die Aufgaben vorlesen kann. Leider ist Gesines Ergebnis falsch, während Kilian zu Hause die richtige Lösung gefunden hatte.

3. Was bedeuten diese Sätze?

Kilian ist entsetzt.	Kilian ist unentschlossen.
Kilian ist unsicher.	Kilian ist verblüfft.
Kilian ist unruhig.	Kilian ist bestürzt.
Kilian ist fassungslos.	Kilian ist nervös.

4. Der Text lässt sich in mehrere Abschnitte gliedern. Bringe dazu die folgenden Überschriften in die richtige Reihenfolge.

① _____ ② _____
③ _____ ④ _____
⑤ _____ ⑥ _____

Gesines Idee – Die verpasste Gelegenheit – Eine schwierige Aktion – Auf dem Schulweg – Eine unangenehme Entdeckung – Kilian hat Bedenken

5. In der Geschichte steht der Satz: „Kilian hat kein gutes Gefühl dabei." Kreise die Aussage ein, die eine ähnliche Bedeutung hat.

Kilian ist vorsichtig.   Kilian ist verzweifelt.   Kilian ist unsicher.   Kilian ist verlegen.

6. Finde 10 Schlüsselwörter in der Geschichte. Unterstreiche sie.

7. Suche dir einen der Abschnitte aus Aufgabe 4 aus und fasse den Text mit eigenen Worten zusammen.

Felicitas Zeitz/Florian Zeitz: Leseförderung mit tollen Schul-Geschichten
© Persen Verlag

 Denkanstöße

Warum spricht Kilian Gesine zu Beginn der Geschichte an?

a) Er ahnt, dass diesmal er das Mathe-Genie ist.
b) Er glaubt, dass Gesines Lösung richtig ist, seine eigene möglicherweise falsch.
c) Er will, dass Gesine ihm ihr Heft zuschiebt, weil er seins vergessen hat.

Was meinst du, wie sich Kilian am Ende der Geschichte fühlt?

a) Er ist sauer und beschämt, weil Gesines Lösung, die er vorgelesen hat, falsch war.
b) Er ist schadenfroh und stolz, weil seine Lösung richtig war, Gesines aber nicht.
c) Er ist überrascht und ärgerlich, dass seine Lösung richtig war, er sie aber nicht vorlesen konnte.

Mobbing

"Hey, hörst du mir überhaupt zu?" Gesine stößt Vanessa an, die an ihr vorbeisieht.
"Guck doch mal!", flüstert Vanessa.
5 "Sibel weint!"
Gesine dreht sich um. "Sibel, alles okay?" Sibel nickt mit zusammengepressten Lippen, doch Tränen laufen über ihr Gesicht.
10 Nach einiger Zeit sagt sie leise: "Wanda und Jessica lachen mich immer aus."
"Warum denn das?"
"Keine Ahnung!", sagt Sibel.
Vanessa seufzt. "Die beiden sind halt
15 Zicken!"
Sibel wischt sich die Tränen aus den Augen. "Auf dem Heimweg machen sie sich bestimmt wieder über mich lustig."
"Hey, wie wär's, wenn wir heute mit dir
20 nach Hause gehen würden?", schlägt Gesine vor und Vanessa nickt.
Sibel sieht jedoch nicht so aus, als ob sie wirklich getröstet wäre.

25 Nach Schulschluss machen sich Gesine, Vanessa und Sibel zusammen auf den Heimweg. Plötzlich hören sie ein spöttisches Gelächter.

"Na, habt ihr 'ne neue Freundin?", ruft
30 Wanda, während sie mit Jessica an den drei Mädchen vorbeigeht.
Gesine tut so, als ob sie nichts gehört hätte. Doch als dann Wanda und Jessica vor ihnen herumtanzen und sich immer
35 wieder mit Gekicher zu ihnen umdrehen, spürt Gesine, dass sie langsam echt genervt ist.
"Warten wir lieber!", sagt sie und bleibt stehen.
40 Die drei beobachten, wie sich Wanda und Jessica mit albernem Gekreische gegenseitig mit ihren Turnbeuteln bewerfen. Plötzlich landet Wandas Tasche in Jessicas Gesicht. Jessica schreit auf.
45 Wütend schnappt sie sich Wandas Sportbeutel und knallt ihn in den Dreck.
Gesine kann erkennen, wie Wanda mit zornigem Gesichtsausdruck Jessicas Turnbeutel grapscht und hoch in einen
50 Straßenbaum schleudert, wo er sich im Geäst verfängt.
Jessica blickt entsetzt nach oben. "Hol sofort meinen Turnbeutel wieder runter!", schreit sie Wanda an.
55 "Selber schuld!", kreischt Wanda. "Warum hast du auch meine Tasche in

Mobbing

den Dreck geworfen."
Beide starren auf den Baum.
Inzwischen sind Gesine, Vanessa und Sibel näher gekommen.

60 „Na, ihr zwei Scherzkekse", sagt Gesine. „Auf den Baum kommt ihr nicht rauf!"
„Ihr ja wohl auch nicht!", brüllt Wanda.
Sibel sagt: „Wir könnten schon. Wenn wir wollten!"

65 „Ganz klar, ausgerechnet du!" Wanda lacht verächtlich.
Etwas verlegen zuckt Sibel die Schultern und sieht Gesine an: „Wenn du mir hilfst – " Gesine ist nicht so zuversicht-
70 lich. Doch weil sie Sibel nicht im Stich lassen will, stellt sie sich ganz dicht an den Stamm. Dann faltet sie ihre Hände, damit Sibel einen Fuß hineinstellen und an ihr hochklettern kann. Vanessa
75 schiebt nach, sodass es Sibel gelingt, in den Baum zu steigen. Sie rüttelt so lange an den Zweigen, bis der Beutel herunterfällt.
Beim Abstieg aber schafft es Sibel nicht,
80 Gesines Schultern zu erreichen. Sie rutscht am Stamm nach unten und kratzt sich an der Baumrinde den Arm auf.
Mit schmerzverzerrtem Gesicht sitzt sie am Boden.
85 Alle starren stumm auf den blutenden Arm.
Endlich stammelt Jessica: „Äh ... danke, Sibel."
Hastig schnappt sie ihren Turnbeutel und
90 macht sich mit Wanda auf den Weg.
„Ich hoffe, die lassen dich ab jetzt in Ruhe!", sagt Gesine und blickt auf Sibels verletzten Arm.
„Halb so schlimm!", erklärt Sibel. „Wenn
95 das der Preis dafür war, jetzt nicht mehr geärgert zu werden, hat es sich gelohnt."

Was Sibel erlebt hat, nennt man Mobbing.

Was kann man dagegen tun?

Warum, glaubst du, will Sibel erst nicht zugeben, dass Wanda und Jessica sie ständig ärgern?

Aufgaben zur Texterschließung — 2

1. **Was ist Mobbing?**
   - ☐ jemanden verpetzen
   - ☐ jemanden ständig ärgern und quälen
   - ☐ jemanden immer wieder verhauen

2. **Wie heißen die fünf Mädchen, die in dieser Geschichte vorkommen?**

   _____   _____   _____

   _____   _____

3. **Welche Aussagen stimmen? Mehrere Antworten sind richtig.**
   - ☐ Sibel wird von Gesine und Vanessa ständig geärgert.
   - ☐ Gesine schlägt vor, auf dem Schulweg Wanda und Jessica zu ärgern.
   - ☐ Gesine, Vanessa und Sibel machen den Heimweg gemeinsam.
   - ☐ Wanda wirft Jessicas Turnbeutel in einen Baum.
   - ☐ Vanessa klettert in den Baum und holt die Sporttasche wieder herunter.
   - ☐ Sibel hat sich an der Baumrinde den Arm aufgekratzt.

4. **Wie haben sich Wanda und Jessica Sibel gegenüber verhalten?**
   Du kannst mehrere Wörter ankreuzen.
   - ☐ gelangweilt   ☐ gemein   ☐ niederträchtig   ☐ gleichgültig   ☐ unfair

5. **Fülle die Lücken aus.**

   Sibel wird von _____ und _____ ständig geärgert. Gesine und

   Vanessa wollen Sibel darum auf dem _____ begleiten. Unterwegs

   beobachten sie, wie Wanda Jessicas Turnbeutel in einen _____ wirft.

   _____ klettert in den Baum und holt den Turnbeutel wieder herunter.

Arbeite mit einem Partner zusammen.

6. **Unterstreiche 10 besonders wichtige Wörter.**
   Vergleiche deine Wörter mit denen deines Partners.
   Legt zusammen eine Liste dieser Schlüsselwörter an.

7. **Denke dir Fragen zu der Geschichte aus. Stelle deinem Partner diese Fragen.**

8. **Erzähle deinem Partner, was geschah.**
   Einer von euch erzählt, wie es Sibel gelungen ist, auf den Baum zu klettern.
   Der andere erzählt, was geschah, als Sibel wieder herunterklettern wollte.

Aufgaben zur Texterschließung

1. Welche Überschrift würde auch noch zu der Geschichte passen? Schreibe sie auf.

_____

Rache – Hilfe unter Freundinnen – Ein gefährlicher Heimweg – Der verletzte Arm

2. Beantworte die Fragen zum Text.

a) Wer sieht zuerst, dass Sibel weint? _____

b) Wer macht den Vorschlag, Sibel auf dem Heimweg zu begleiten? _____

c) Wer wirft einen Turnbeutel in den Dreck? _____

d) Wer wirft einen Turnbeutel in den Baum? _____

e) Wem gehört der Turnbeutel im Baum? _____

f) Wer hilft Sibel, auf den Baum zu klettern? _____

3. Kannst du die Sätze richtig zusammensetzen?

Weil Gesine Sibel nicht im Stich lassen will,	sitzt sie am Boden.
Sie rüttelt so lange an den Zweigen,	auf den blutenden Arm.
Beim Abstieg aber schafft es Sibel nicht,	Gesines Schultern zu erreichen.
Sie rutscht am Stamm nach unten	und macht sich mit Wanda auf den Weg.
Mit schmerzverzerrtem Gesicht	stellt sie sich ganz dicht an den Stamm.
Alle starren stumm	bis der Beutel herunterfällt.
Hastig schnappt Jessica ihren Turnbeutel	und kratzt sich an der Baumrinde den Arm auf.

4. Markiere 10 Schlüsselwörter. Ordne sie der Einleitung und dem Hauptteil zu.

Einleitung: _____

Hauptteil: _____

5. Schreibe den Schluss der Geschichte mit eigenen Worten.

Mit schmerzverzerrtem Gesicht sitzt Sibel am Boden. _____

_____

_____

_____

_____

 Denkanstöße

Gesine hilft Sibel.
Welche Art der Unterstützung ist deiner Meinung nach am wichtigsten?

Am wichtigsten ist, ...

a) dass Gesine Sibel begleitet und damit Sibels Selbstvertrauen stärkt.
b) dass Gesine Sibel hilft, auf den Baum zu klettern, was sie alleine nicht geschafft hätte.
c) dass Gesine Wanda und Jessica als ‚Scherzkekse' bezeichnet und damit einschüchtert.

Sibel wurde von Wanda und Jessica zuvor ausgelacht.
Im Laufe der Geschichte kratzt sie sich den Arm auf. Was, glaubst du, ist schlimmer für sie?

Für Sibel ist es schlimmer, ...

a) dass sie ausgelacht wird.
b) dass ihr Arm blutet.
c) Für Sibel ist beides etwa gleich schlimm.

Die Mutprobe

„Schieß doch!", schreit Otte quer über den Platz. Kilian zieht ab, doch der Ball fliegt am Tor vorbei in den benachbarten Gemüsegarten.

5 Augenblicklich erscheint laut schimpfend der Besitzer des Gartens, Herr Karbuleit, und schnappt sich den Ball.

„Den können eure Eltern bei mir abholen!", schreit Herr Karbuleit wütend.

10 „Dann kann ich ihnen mal erzählen, wie ihr dauernd meine Pflanzen zerstört."

Ratlos sehen die Kinder zu, wie Herr Karbuleit den Ball in einer großen Holzkiste verstaut. „Dieser Blödmann!",
15 regt sich Kilian auf und spürt ein schlechtes Gewissen, weil er den Ball geschossen hat. „Man müsste abends heimlich in seinen Garten einbrechen und sich den Ball zurückholen."

20 „Als wenn du dich das trauen würdest!", sagt Otte.

„Ich – mich nicht trauen? Und ob!"

„Das ist doch Quatsch!", ruft Kilians bester Freund, Lennart.

25 Doch Otte fällt Lennart ins Wort: „Ich will jedenfalls meinen Ball wiederhaben! Wenn du dich nicht traust, Kilian, dann musst du mir halt einen neuen Ball kaufen!"

Kilian spürt sein Herz heftig klopfen.
30 Worauf hat er sich da nur eingelassen?

„Okay", sagt er schließlich. „Heute Abend, wenn der blöde Karbuleit nach Hause geht, hole ich den Ball wieder."

Er sieht sich in der Runde um. Alle
35 nicken, nur Lennart nicht.

Als Kilian und Lennart gegen sechs auf dem Fußballplatz eintreffen, sind Otte und die anderen schon da.

„Der alte Karbuleit scheint weg zu sein!",
40 flüstert Otte. „Also los jetzt, Kilian!"

Kilian merkt, wie seine Hände zittern, als er sich daran macht, über den Zaun zu klettern.

Die Mutprobe

Es ist gar nicht so einfach, den hohen
Zaun zu überwinden. Geduckt läuft er auf
das Gartenhäuschen zu. Vor der großen
Holzkiste bleibt er stehen und stößt
einen Laut der Enttäuschung aus. Ein
großes Schloss hängt davor.
Plötzlich nimmt er hinter sich eine
Bewegung wahr. Gleichzeitig hört er
auch schon die wütende Stimme von
Herrn Karbuleit, der aus dem Garten-
haus kommt.
„Willst du etwa bei mir einbrechen, du
verdammter Bengel?"

Aus den Augenwinkeln sieht Kilian, wie
die anderen Jungen davonlaufen. Nur
Lennart ist stehen geblieben und kommt
jetzt auch an den Gartenzaun.
„Wir ... wir wollten uns nur den Ball
wiederholen", stottert Lennart, während
Kilian noch immer wie gelähmt ist vor
Schreck.
Herr Karbuleit dreht sich wütend zu
Lennart um.

„Den Ball könnt ihr vergessen", schimpft er.
„Wir würden auch ganz bestimmt aufpas-
sen, dass er nicht mehr in Ihren Garten
fliegt", verspricht Kilian mit zitternder
Stimme.
„Wir könnten Ihnen auch im Garten
helfen", schlägt Lennart vor.
Kilian sieht, wie sich Herrn Karbuleits
Gesichtsausdruck verändert. Er scheint
nicht mehr ganz so wütend zu sein.
„Tatsächlich könnte ich gut Hilfe gebrau-
chen", knurrt er. „Das Umgraben fällt mir
allmählich zu schwer."
Die beiden Jungen nicken ihm eifrig zu.
„Also gut", sagt Herr Karbuleit. „Wenn ihr
mir morgen dieses große Beet umgrabt,
könnt ihr den Ball wiederhaben."
„Okay, machen wir", sagt Kilian und
merkt, wie erleichtert er ist.
Herr Karbuleit hat ein schiefes Lächeln
aufgesetzt.
„Und denkt daran – jedes Mal wenn ein
Ball auf mein Grundstück fliegt, ist wieder Gartenarbeit fällig!"

Kannst du Herrn Karbuleit verstehen?

Oder hat er sich übertrieben streng verhalten?

Aufgaben zur Texterschließung

1. Was stellst du dir unter einer Geschichte vor, die „Die Mutprobe" heißt?

☐ In dieser Geschichte probieren die Kinder aus, wer am mutigsten ist.
☐ In dieser Geschichte soll jemand beweisen, dass er nicht feige ist.

2. Welche Aussage stimmt?

☐ Kilian hat den Ball in den Garten geschossen.
☐ Die Kinder sehen zu, wie Herr Karbuleit den Ball in seiner Laube verstaut.
☐ Otte will seinen Ball wiederhaben.
☐ Kilian will Herrn Karbuleit bitten, ihnen den Ball wiederzugeben.
☐ Lennart schlägt vor, Herrn Karbuleit im Garten zu helfen.

3. Beantworte die Fragen zum Text.

a) Auf welchem Platz spielen die Kinder?

☐ Bolzplatz   ☐ Sportplatz   ☐ Fußballplatz   ☐ Schulhof

b) Wo hat Herr Karbuleit den Ball verstaut? _____

c) Wer will den Ball wiederholen? _____

d) Wie heißt Kilians Freund? _____

e) Was sollen die beiden Jungen für Herrn Karbuleit tun?

☐ den Garten umgraben   ☐ den Garten aufräumen   ☐ ein Beet umgraben

4. Herr Karbuleit sagt zu den Jungen: „Jedes Mal wenn der Ball auf mein Grundstück fliegt, ist wieder Gartenarbeit fällig." Was meint er damit?

☐ Er meint, dass er dann wieder Arbeit im Garten hat.
☐ Er meint, dass die Jungen ihm dann wieder im Garten helfen müssen.

6. Welche Überschriften passen zu welchem Abschnitt?

Einleitung	Ein gefährliches Abenteuer
Hauptteil	Die Erleichterung
Schluss	Ein schlechter Schuss

Arbeite mit einem Partner zusammen.

6. Suche mit deinem Partner die wichtigsten Wörter in der Geschichte. Unterstreicht sie.

7. Erzähle deinem Partner, wie es kam, dass der Ball in Herrn Karbuleits Garten gelandet ist.

Aufgaben zur Texterschließung

1. Was bedeutet die Überschrift „Die Mutprobe"?

☐ Jemand probiert, mutig zu sein.   ☐ Jemand soll seinen Mut beweisen.

2. Wie fühlt sich Kilian wohl, …

a) als er den Ball verschossen hat?
☐ Er ist traurig.   ☐ Er ist verzweifelt.   ☐ Er fühlt sich schuldig.   ☐ Er ist nachdenklich.

b) als er über den Gartenzaun steigt?
☐ Er ist ängstlich.   ☐ Er ist wütend.   ☐ Er ist neugierig.   ☐ Er ist zuversichtlich.

3. Wie steht Lennart zu Kilians Absicht, in Herrn Karbuleits Garten einzudringen?

☐ Er ermutigt seinen Freund, es zu tun.
☐ Er hat Bedenken.
☐ Er versucht, Kilian davon abzuhalten.

4. Beantworte die Fragen zum Text.

a) Worüber beschwert sich Herr Karbuleit? _____
b) Wer hat ein schlechtes Gewissen? _____
c) Um welche Zeit versucht Kilian, den Ball wiederzuholen? _____
d) Warum kann Kilian die Holzkiste nicht öffnen? _____
e) Was sollen die beiden Freunde für Herrn Karbuleit tun? _____

5. Welche Ausdrücke passen auch? Schreibe die Wörter auf.

Gartenhäuschen: _____   *Unterstand – Garage – Laube – Ferienhaus*

Holzkiste: _____   *Holzschrank – Holztruhe – Holzkommode – Holzbank*

6. Finde die passenden Überschriften für Einleitung, Hauptteil und Schluss.

Einleitung: _____

Hauptteil: _____

Schluss: _____

Ein gewagtes Unternehmen – Ottes Strafe – Herr Karbuleit gibt nicht nach – Noch mal Glück gehabt – Kilians Ungeschicklichkeit – Kein Erfolg – Kilian gibt auf

7. Markiere 10 Schlüsselwörter in Einleitung, Hauptteil und Schluss.

8. Denke dir ein Gespräch aus, in dem Lennart versucht, Kilian davon abzuhalten, in den Garten einzubrechen, und schreibe das Gespräch auf.

Denkanstöße

**Obwohl es ihm unbehaglich ist, klettert Kilian über den Gartenzaun.
Was denkst du, warum er es tut?**

a) Was Herr Karbuleit gemacht hat, ist Diebstahl. Das kann Kilian nicht zulassen.
b) Nachdem er es selbst vorgeschlagen hat, will Kilian jetzt nicht als Feigling dastehen.
c) Kilian will Otte keinen neuen Ball kaufen. Es erscheint ihm einfacher, den Ball zurückzuholen.

**Warum lässt sich Herr Karbuleit wohl auf einen Handel mit den Kindern ein?
Herr Karbuleit schließt einen Handel mit den Kindern ab, …**

a) weil er denkt, dass die Arbeit ungefähr so viel wert ist wie ein Ball.
b) weil er keine Lust hat, das große Beet umzugraben.
c) weil die Kinder mit ihrem Angebot den Willen zeigen, ihr Verhalten wiedergutzumachen.

Eine Burggeschichte

„Bin ja mal gespannt, welcher Bericht in das Jubiläumsheft kommt", sagt Gesine zu Kilian auf dem Schulweg.
„Wetten, deine Burggeschichte?"

5 Die Schüler der vierten Klassen hatten den Auftrag bekommen, zur Jubiläumsfeier etwas über ihre Stadt zu schreiben. Und ihre Klassenlehrerin, Frau Harwig, hatte verkündet, dass die beste Ge-
10 schichte jeder Klasse für das Jubiläumsheft ausgesucht würde. Zunächst wollte Gesine über die Jugendherberge schreiben.
Doch dann hatte der alte Herr Kruse, ihr
15 Nachbar, erzählt, dass die Schule während des Zweiten Weltkriegs in der Burg untergebracht war. Eindrucksvoll hatte er geschildert, wie sie als Schüler ängstlich in der Burg gesessen und auf
20 die feindlichen Bomber gelauscht hatten. Daraus hatte Gesine eine spannende Erzählung machen wollen.
Doch jetzt schüttelt sie traurig den Kopf.
„Schön wär's", seufzt sie. „Leider hat
25 Wanda die Geschichte geschrieben und auch schon abgegeben. Blöderweise hatte ich ihr erzählt, was ich vorhatte."
Kilian spürt, wie er wütend wird. „Sag mal, bist du eigentlich total bescheuert?
30 Ausgerechnet Wanda verrätst du deine Ideen?"
„War blöd, geb' ich ja zu." Gesine zuckt mit den Schultern. „Ich hab die Geschichte über die Jugendherberge abge-
35 geben."
Immer noch ärgerlich beobachtet Kilian im Klassenzimmer, wie Frau Harwig die Zettel mit den Berichten ordnet.
„Eure Stadtgeschichten haben viel Lob
40 vom Festausschuss bekommen", beginnt sie, doch Kilian meldet sich mit wildem Armschwenken.
„Was ist denn, Kilian?"
„Ich wollte nur fragen: Wenn man die
45 Idee von einem anderen klaut, dann ist

das doch auch so was wie Diebstahl, oder?"
Frau Harwig nickt: „Ja, das nennt man Plagiat."
50 Dann fährt sie fort: „Jedenfalls ist es den Leuten, die die Geschichten auswählen sollten, nicht leichtgefallen, zu entscheiden, wer ..."
„Ich wollte noch was sagen!", ruft Kilian.
55 Frau Harwig ist sichtlich genervt. „Später, Kilian! Die Gewinnerin ist jedenfalls ..."
Enttäuscht lässt Kilian seinen Arm wieder sinken.
60 „... Gesine mit ihrer Geschichte über die Jugendherberge."
Wie jetzt? Kilian reißt die Augen auf. Er sieht eine strahlende Frau Harwig und eine völlig überraschte Gesine. Die
65 Kinder klatschen Beifall. Nur Wanda verzieht das Gesicht.
Frau Harwig wendet sich Wanda zu: „Deine Idee fand ich wirklich gut, Wanda. Aber der Festausschuss wollte keine
70 Fantasiegeschichten. Wie ich mittlerweile erfahren habe, ist die Schule nie in der Burg untergebracht gewesen. Auch nicht im Krieg."

Eine Burggeschichte

„Na, warte!", brummt Wanda und wirft Gesine einen wütenden Blick zu.

Auf dem Heimweg ist Kilian immer noch ganz begeistert, dass Wanda sich selbst reingelegt hat.

Doch Gesine sagt: „Okay, aber der alte Kruse kann was von mir zu hören kriegen."

„Lass den bloß in Ruhe!" Kilian schmunzelt. „Oder möchtest du auf die coolen Geschichten vom alten Kruse verzichten – auch wenn sie nur ausgedacht sind?"

Gesine nickt. „Aber hast du gesehen, wie wütend Wanda war? Wetten, dass sie denkt, ich hätte sie ausgetrickst?"

„Na und? Selber schuld!"

> Meinst du, dass sich Gesine Wanda gegenüber richtig verhalten hat?

Aufgaben zur Texterschließung

1. Lies den Anfang der Geschichte noch einmal und beantworte folgende Fragen:

a) Wer hat Gesine erzählt, dass im Krieg die Schule in der Burg untergebracht war?

_____

b) Wem hat Gesine ihre Idee verraten? _____

c) Was für eine Geschichte hat Gesine abgegeben?

☐ eine Geschichte über die Jugendherberge   ☐ eine Geschichte über die Burg

2. Lies den Mittelteil noch einmal. Welche Sätze stimmen?

☐ Immer noch ärgerlich beobachtet Kilian im Klassenzimmer, wie Frau Harwig die Zettel mit den Berichten ordnet.
☐ Immer noch ärgerlich beobachtet Gesine im Klassenzimmer, wie Frau Harwig die Hefte mit den Aufsätzen ordnet.
☐ „Die Gewinnerin ist jedenfalls Gesine mit ihrer Geschichte über die Jugendherberge."
☐ „Die Gewinnerin ist jedenfalls Gesine mit ihrer Burggeschichte."

3. Welche Überschrift passt zu welchem Abschnitt?

Einleitung: _____

Hauptteil: _____

Schluss: _____

Die Burg im Krieg – Die Überraschung – Eine ungerechte Entscheidung – Ein fröhlicher Heimweg – Idee verraten – Ein schlechtes Gewissen

4. Schreibe zu jedem der beiden Abschnitte die 5 wichtigsten Wörter auf.

Einleitung: _____

Hauptteil: _____

Arbeite mit einem Partner zusammen.

5. Überlege dir mit deinem Partner, was die beiden Kinder zum Schluss außerdem noch sagen könnten.

Kilian: „_____

Gesine: „_____

Kilian: „_____

Gesine: „_____

6. Spiele das Gespräch zwischen Gesine und Kilian mit deinem Partner nach.

Aufgaben zur Texterschließung — 4

1. Was könnte man denken, wenn man die Überschrift liest?

☐ Man könnte denken, es handele sich um eine Rittergeschichte.
☐ Man könnte denken, die Klasse hätte einen Ausflug zu einer Burg gemacht.
☐ Man könnte denken, Kilian und Gesine hätten ein Abenteuer auf einer Burg erlebt.

☐ Man könnte denken, _____

2. Kreuze an, wovon die Geschichte handelt.

☐ Gesine bekommt für eine Geschichte über die Burg den ersten Preis.
☐ Gesine erzählt Wanda etwas Falsches über die Burg, damit Wanda keinen Preis bekommt.
☐ Wanda klaut Gesines Idee zu einer Burggeschichte und legt sich damit selbst herein.

3. Im Text stehen einige schwierige Wörter. Ziehe Linien zu den richtigen Bedeutungen.

Jubiläum	Leute, die ein Fest organisieren
Jubiläumsheft	geistiger Diebstahl
Festausschuss	Erinnerungsfeier, Jahrestag
Plagiat	Applaus, Klatschen
Beifall	Festschrift

4. Beantworte die Fragen zum Text.

a) Aus welchem Anlass sollen die Viertklässler Stadtgeschichten schreiben?

b) Wer erzählt Gesine, dass die Schule während des Krieges in der Burg untergebracht war?

c) Wem verrät Gesine ihre Idee?

d) Welche Geschichte wird für das Jubiläumsheft ausgesucht?

e) Warum wurde Wandas Geschichte abgelehnt?

5. Schreibe die Schlüsselwörter der Geschichte auf. Vergleiche deine Liste mit der Liste deines Sitznachbarn. Unterstreicht alle Wörter, die ihr gemeinsam habt.

6. Schildere mit eigenen Worten, was in der Unterrichtsstunde geschieht.

Denkanstöße

**Gesine und Wanda sind nicht gut aufeinander zu sprechen.
Wer ist deiner Meinung nach im Recht?**

a) Wanda ist zu Recht wütend. Dadurch, dass Gesine ihr eine unwahre Geschichte erzählt hat, hat sie Wanda im Grunde ausgetrickst.

b) Gesine ist zu Recht wütend, denn Wanda hat ihre Idee geklaut.

c) Gesine hat kein Recht, wütend zu sein. Nur weil Wanda Gesines Idee geklaut hat, konnte Gesine den Wettbewerb letztendlich gewinnen.

Hätte Gesine ihrer Lehrerin sagen sollen, dass Wanda ihre Idee geklaut hat?

a) Ja, denn das war eine Art Diebstahl.
b) Nein, denn dann hätte Gesine den Preis nicht gewonnen.
c) Nein, denn Wanda darf doch schreiben, worüber sie will. Das hat doch mit Gesine nichts zu tun.

Geklaut

„Gesine, du musst los!"

„Wie? Was?" Gesine blickt von ihrem Buch auf und sieht ihre Mutter fragend an.

5 „Na, heute ist doch Geigenunterricht in der Schule", sagt Gesines Mutter ungeduldig.

„Ach ja, hatte ich ganz vergessen." Schlecht gelaunt klappt Gesine das 10 Buch zu.

„Kannst du auf dem Rückweg meine Jacke aus der Reinigung holen?", fragt die Mutter.

„Klar!"

15 „Leider habe ich nur einen 50-Euro-Schein. Pass bloß auf das Geld auf!"

„Ja doch, Mama!", sagt Gesine, während sie Geldschein und Abholzettel in ihre Geldbörse steckt.

20 Dann zieht sie ihre Jacke an, schnappt den Geigenkasten und stürmt los.

„Da bist du ja endlich!", ruft Kilian, der nach dem Musikunterricht am Schultor auf Gesine gewartet hatte. „Und deinen 25 Geigenkoffer hast du auch nicht vergessen. Tolle Leistung!"

„Ha, ha! Sehr witzig." Genervt wirft sich Gesine ihre Jacke über die Schulter und setzt sich wieder in Bewegung.

30 Kilian stapft neben ihr her, seinen Trompetenkasten in der Hand.

Als sie an der Reinigung vorbeikommen, ruft Gesine: „Upsi! Jetzt hätte ich doch fast die Jacke meiner Mutter vergessen!"

35 Lässig greift sie in ihre Jackentasche und bleibt vor Schreck stehen: Leer!

Gesine spürt, wie ihr Herz wild zu schlagen beginnt.

„Mein Portmonee ist weg!", stammelt sie.

40 „Da waren 50 Euro drin!"

„Fünzig Euro?" Kilian reißt die Augen auf.

Geklaut

„Los, komm!", ruft er. „Das Portmonee hast du bestimmt im Musikraum liegen lassen."

Eilig hasten die beiden Kinder zur Schule zurück. Doch ihre Musiklehrerin, Frau König, hat keine Geldbörse gefunden.

Gesine und Kilian durchsuchen den Musikraum noch einmal gründlich. Kein Portmonee!

„Jemand muss es geklaut haben!", sagt Gesine mit zitternder Stimme, nachdem sie auch unterwegs alles abgesucht haben.

Kilian runzelt die Stirn. „Wem wäre so was zuzutrauen? Otte oder Ricki?"

Gesine schüttelt den Kopf. „Nee, denen bestimmt nicht. Bleibt nur noch ..."

Plötzlich bleibt Gesine stehen: „Wanda! Natürlich!"

Kilian nickt. „Fragt sich nur, wie wir es ihr beweisen können."

„Oh Mann, ich werde einen Riesenärger mit meiner Mutter kriegen!", stöhnt Gesine und kann jetzt die Tränen nicht mehr zurückhalten. Ihr ist klar, dass sie einen Plan brauchen. Irgendwas, womit sie Wanda überführen können.

In trüber Stimmung gehen die beiden Kinder weiter. Doch kaum haben sie Gesines Haus erreicht, wird die Haustür schon aufgerissen und Gesines Mutter erscheint.

„Du hattest mir doch versprochen, meine Jacke zu holen", schimpft sie ärgerlich. „Und dann lässt du dein Portmonee hier liegen!"

Vor Erleichterung fällt Gesine ihrer Mutter um den Hals.

Überrascht schiebt die Mutter Gesine von sich und sieht ihr ins Gesicht. Nun bemerkt sie wohl auch, dass Gesine geweint hat.

„Jetzt ist ja alles wieder gut", tröstet ihre Mutter sie. „Aber zur Reinigung musst du noch gehen!"

Sie drückt Gesine die Geldbörse in die Hand.

„Vielleicht sollte lieber ich das Geld nehmen", schlägt Kilian grinsend vor. „Nicht dass die 50 Euro wieder geklaut werden."

Doch als seine Augen Gesines tödlichem Blick begegnen, winkt er schnell ab. „War nur Spaß! Ist doch klar!"

Warst du schon einmal in einer ähnlichen Situation? Wie fühlt man sich dabei?

Aufgaben zur Texterschließung

1. Worum geht es in dieser Geschichte?

☐ um Diebstahl
☐ darum, dass man niemanden vorab verurteilen soll
☐ darum, wie man sich gegenseitig helfen kann

2. Beantworte die Fragen zum Text.

a) Wer wartet auf Gesine? _____

b) Gesine soll die _____ ihrer Mutter abholen.

c) Was kann Gesine nicht finden? _____

d) Gesine glaubt, dass _____ ihr Geld geklaut hat.

e) In Wirklichkeit hat Gesine ihre Geldbörse _____ liegen lassen.

3. Wer spricht? Ziehe Linien.

„Kannst du meine Jacke aus der Reinigung holen?",	ruft Kilian.
„Da bist du ja endlich!",	fragt die Mutter.
„Mein Portmonee ist weg!",	schimpft die Mutter.
„Du hattest mir doch versprochen, meine Jacke zu holen",	tröstet die Mutter.
„Jetzt ist ja alles wieder gut",	stammelt Gesine.

4. In der Einleitung der Geschichte erfährt man, ...

☐ dass Gesine ihre Geldbörse verloren hat.
☐ dass Gesine Kilian nach dem Geigenunterricht trifft.
☐ dass Gesine die Jacke ihrer Mutter abholen soll.

5. Im Hauptteil der Geschichte erfährt man, ...

☐ dass Gesine ihre Geldbörse beim Geigenunterricht verloren hat.
☐ dass Gesine ihre Geldbörse zu Hause vergessen hat.
☐ dass Gesine vermutet, dass ihr Portmonee geklaut wurde.

6. Im Schlussteil der Geschichte erfährt man, ...

☐ dass Gesine befürchtet, Ärger mit ihrer Mutter zu bekommen.
☐ dass Gesines Mutter die Geldbörse gefunden hat.
☐ dass Gesine 50 Euro mitgenommen hat.

7. Markiere in jedem Abschnitt die wichtigsten Wörter und schreibe sie auf.

Einleitung: _____

Hauptteil: _____

Schluss: _____

Aufgaben zur Texterschließung

1. Überschriften sollen neugierig machen, aber sie sollen nicht den Inhalt verraten. Welche Überschriften wären deswegen ungeeignet?

Ein aufregender Nachmittag   Ein Irrtum   Vergessliche Gesine   Gesine in Not

2. Hier sind die Sätze durcheinandergeraten. Nummeriere die Zeilen in der richtigen Reihenfolge.

○ Anschließend soll sie die Jacke ihrer Mutter aus der Reinigung holen.
○ Als Gesine zu Hause ankommt, erfährt sie, dass sie ihre Geldbörse vergessen hatte.
○ Kilian und Gesine suchen das Portmonee, finden es aber nicht.
○ Gesine muss zum Geigenunterricht in die Schule.
○ Sie vermuten, dass das Geld geklaut wurde.
○ Auf dem Heimweg stellt Gesine fest, dass ihr Geld weg ist.

3. Beantworte die Fragen zum Text.

a) Wie viel Geld gibt die Mutter Gesine mit? _____

b) Gesine hat Geigenunterricht. Aber welches Instrument spielt Kilian? _____

c) Wie heißt die Musiklehrerin? _____

d) Was soll Gesine aus der Reinigung holen? _____

e) Gesine und Kilian durchsuchen den _____ noch einmal gründlich.

f) Wo ist das Portmonee wirklich? _____

4. Welche Überschrift passt zu welchem Abschnitt?

Einleitung: _____

Hauptteil: _____

Schluss: _____

Streit zwischen Kilian und Gesine – Ein glückliches Ende – Das verschwundene Portmonee – Ein Dieb wird entdeckt – Ein interessanter Nachmittag – Gesine erhält einen Auftrag

Arbeite mit einem Partner zusammen.

5. Suche zusammen mit deinem Partner 10 Schlüsselwörter in der Geschichte und schreibt sie auf.

6. Spiele mit deinem Partner die erste Szene: Gesine mit ihrer Mutter zu Hause.

a) Sprecht die Szene mit eigenen Worten.
b) Schreibt dieses Gespräch auf.

Denkanstöße

Gesine glaubt zuerst, dass Wanda hinter dem verschwundenen Portmonee steckt. Gesines Reaktion ...

a) ist verständlich, denn Wanda wäre so etwas wirklich zuzutrauen.
b) ist falsch, denn damit hat Gesine Wanda zu früh verurteilt.
c) ist richtig, denn nur, indem sie Wanda verdächtigt, kann Gesine herausfinden, ob es stimmt oder nicht.

Was will Kilian wohl ausdrücken, als er zu Gesine sagt: „Nicht dass die 50 Euro wieder geklaut werden!"

Er will ausdrücken, ...

a) dass jemand das Geld klauen könnte. Er sagt dies aus Sorge um das Geld.
b) dass er selbst das Geld haben will. Er sagt dies nur im Spaß.
c) dass Gesine das Portmonee wieder verbummeln und dann denken könnte, jemand habe das Geld geklaut. Er sagt dies als Kritik an Gesines vorherigem Verhalten.

Das Gebiss

„Kilian und Lennart, bringt bitte die Landkarte in den Materialraum! Hier ist der Schlüssel", sagt Frau Harwig.

Eilig rollen die beiden Jungen die Karte zusammen und bringen sie ein Stockwerk höher in den Materialraum. Sie tragen die Karte an die Rückwand, wo alle Landkarten an Stangen hängen.

„Was ist denn das für 'n Teil?", fragt Lennart und zieht ein riesiges Plastikgebiss aus einem Regal.

„Weißt du das nicht mehr?" Kilian nimmt ihm das Gebiss aus der Hand. „Daran hat uns der Schulzahnarzt doch damals erklärt, wie man sich richtig die Zähne putzt."

„Nee, da muss ich wohl gefehlt haben." Lennart betrachtet das Gebiss von allen Seiten. „Sieht krass aus!"

„So'n Teil hätte ich jetzt gerne zu Hause", sagt Kilian. „Gesines Eltern verreisen nämlich am Wochenende, und sie übernachtet zwei Tage bei uns. Was meinst du, wie die sich erschrecken würde, wenn nachts bei Kerzenschein so ein riesiges Gebiss auf sie zukäme."

Lennart grinst. „Leih dir das Gebiss doch einfach fürs Wochenende aus. Und am Montag, wenn wir die Landkarte zurückbringen, stellst du es heimlich wieder ins Regal."

„Heute ist aber erst Donnerstag", sagt Kilian etwas unsicher.

„Na und? Merkt doch kein Mensch!" Lennart sucht das Regal ab. „Guck mal, hier ist 'ne Plastiktüte."

Nach kurzem Zögern steckt Kilian das Gebiss in die Plastiktüte.

Vor dem Klassenraum hängt er die Tüte gut versteckt unter seine Jacke.

„Viel Spaß!", sagt Lennart. „Ich wäre gerne dabei, um Gesines Gesicht zu sehen."

*****

Am nächsten Morgen erzählt Kilian Lennart, dass er sich schon eine Kerze und Streichhölzer besorgt hat.

„Vielleicht hört ihr beiden mal auf zu quatschen", sagt Frau Harwig streng. „Ich habe euch was Wichtiges zu sagen. Der Schulzahnarzt hat sich überraschend angemeldet. Deshalb muss

Das Gebiss

55 leider die dritte Stunde ausfallen, in der wir das Diktat schreiben wollten."

Die Kinder jubeln. Nur Kilian sieht seine Lehrerin erschrocken an. Der Zahnarzt braucht bestimmt das Gebiss, denkt er.

60 Hilflos sieht er zu Lennart hinüber, der ihn auch ganz erschrocken anguckt.

In der großen Pause überlegt Kilian, ob er es wagen kann, schnell nach Hause zu flitzen, um das Gebiss zu holen.

65 „Das schaffst du nicht!", meint Lennart. „Außerdem steht die Aufsicht meistens am Schultor."

Verzweifelt denkt Kilian darüber nach, wie er sich herausreden könnte. Doch
70 ihm fällt nichts ein. Inzwischen ist ihm klar, dass er das Gebiss niemals hätte mitnehmen dürfen.

Nach der Pause warten alle Kinder im Klassenraum auf den Schulzahnarzt. Sie
75 kennen das schon und sind ganz entspannt. Da wird nicht gebohrt. Der Schulzahnarzt sieht sich nur die Zähne an und guckt nach, ob alles in Ordnung ist.

80 Als der Zahnarzt hereinkommt, blickt Kilian nach unten. Nur nicht auffallen, denkt er.

„Hallo Kinder!", ruft der Zahnarzt freundlich. „Heute will ich mir mal wieder eure
85 Zähne ansehen. Aber bevor wir anfangen, möchte ich euch an einem Gebiss erst noch mal genau erklären, wie wichtig es ist, sich richtig die Zähne zu putzen."

90 Kilians Herz pocht wild und aufgeregt.

„Also seht her! Immer in kreisenden Bewegungen putzen!"

Kilian hebt den Blick und will seinen Augen nicht trauen. Der Arzt hat das
95 Plastikgebiss in der Hand und zeigt, wie die Zahnbürste geführt werden muss.

Plötzlich wird ihm klar, dass ein Schulzahnarzt wahrscheinlich ein eigenes Plastikgebiss besitzt.

100 „Mann, hab ich 'n Schreck gekriegt", flüstert er Lennart zu. „Ich bin vielleicht froh, wenn das Teil Montag wieder an seinem Platz ist. So was mache ich nie wieder!"

Verstehst du, warum Kilian so etwas nie wieder machen will?

Aufgaben zur Texterschließung — 6

1. Was sollen Kilian und Lennart wegbringen?

Kilian und Lennart sollen _____ wegbringen.

das Gebiss – den Kartenständer – die Landkarte – das Material

2. Welche vier Personen kommen in der Geschichte vor?

_____   _____

_____   _____

3. Welche Aussage ist richtig?

☐ Lennart zieht ein Plastikgebiss aus dem Regal.
☐ Lennart nimmt Kilian das Gebiss aus der Hand.
☐ Kilian steckt das Gebiss in eine Plastiktüte.
☐ Vor dem Klassenraum steckt Kilian die Tüte in seine Jacke.
☐ Vor dem Klassenraum hängt Kilian die Tüte unter seine Jacke.

4. Welche Ausdrücke haben ungefähr die gleiche Bedeutung? Ziehe Linien.

eilig	ratlos	betrachten	rennen
riesig	unglücklich	flitzen	einsehen
hilflos	geschwind	grübeln	bemerkt werden
verzweifelt	gelassen	auffallen	ansehen
entspannt	gewaltig	klar werden	nachdenken

5. Welche Sätze passen zur Einleitung (E), welche zum Hauptteil (H) und welche zum Schluss (S) der Geschichte? Schreibe die passenden Buchstaben in die Kästchen.

| | Überrascht entdeckt Kilian, dass der Zahnarzt ein anderes Gebiss vorführt. | | Lennart findet ein Gebiss im Regal. |

| | Kilian und Lennart gehen die Treppe zum ersten Stockwerk hinauf. | | Kilian ist froh, dass er mit dem Schrecken davongekommen ist. |

| | Die Kinder erfahren, dass der Schulzahnarzt kommt. | | Kilian überlegt, welche Ausrede er finden könnte. |

6. Was glaubst du, worum es in dieser Geschichte geht?

☐ In dieser Geschichte geht es vor allem darum, dass Kilian seinen Fehler einsieht.
☐ In dieser Geschichte geht es vor allem darum, dass Kilian Gesine erschrecken will.

Aufgaben zur Texterschließung — 6

1. In welchen Raum schickt die Lehrerin Kilian und Lennart?

Frau Harwig schickt Kilian und Lennart in den _____

Sammlungsraum – Materialraum – Werkzeugraum – Kartenraum

2. Was bedeuten diese Ausdrücke?

zögern	bemerkt werden
entsetzt	etwas kaum glauben können
etwas wagen	stocken
auffallen	etwas riskieren
seinen Augen nicht trauen	erschrocken

3. Suche passende Verben für „sagen" aus und schreibe sie neben die Textausschnitte.

„Bringt bitte die Landkarte in den Materialraum!" _____

„Was ist denn das für'n Teil?" _____

„So'n Teil hätte ich jetzt gerne zu Hause." _____

„Leih dir das Gebiss doch einfach aus." _____

„Merkt doch kein Mensch!" _____

bedauern – auffordern – wünschen – versuchen – behaupten – sich erkundigen – erinnern – rufen – erkennen – vorschlagen

Arbeite mit einem Partner zusammen.

4. Teilt den Text durch Trennlinien in Einleitung, Hauptteil und Schluss ein.

5. Findet für jeden Abschnitt eine passende Überschrift.

Einleitung: _____

Hauptteil: _____

Schluss: _____

6. Schreibt zu jedem Abschnitt die Schlüsselwörter auf.

7. Fasst in wenigen Sätzen den Inhalt der Abschnitte zusammen. Teilt euch die Arbeit auf.

8. Stelle deinem Partner drei Fragen zum Text, die er schriftlich beantworten soll.

Denkanstöße

Wie beurteilst du Kilians Verhalten?

a) Kilian hat etwas getan, was er hinterher bereut. Das hätte mir auch passieren können.
b) Was Kilian gemacht hat, war wirklich nicht schlimm. Er wollte das Gebiss ja nicht stehlen.
c) Kilian war zu feige, seinen Diebstahl zuzugeben. Dafür habe ich kein Verständnis.

Wie beurteilst du Lennarts Verhalten?

a) Lennart hat sich nicht wie ein Freund verhalten. Er hätte Kilian niemals zu einem Diebstahl anstiften dürfen.
b) Lennart hat Kilian zwar angestiftet, das Gebiss mitzunehmen, aber er wollte damit seinem Freund ja nur einen Gefallen tun.
c) Eigentlich war Lennart an allem schuld, weil er Kilian überredet hat, das Gebiss mitzunehmen.

Das Gespenst im Schuppen

„Am Wochenende soll es schneien", behauptet Gesine und tritt zu Kilian ans Fenster.

„Sieht eher nach Regen aus!", meint Kilian und betrachtet die dunklen Wolken am Himmel. „Aber für alle Fälle könnten wir ja schon mal meinen Schlitten aus dem Schuppen holen."

Die Kinder schnappen sich den Schlüssel und stapfen durch den regennassen Garten.

„Euren Schuppen finde ich immer ein bisschen gruselig", gesteht Gesine.

„Warum denn das? Ein Schuppen ist doch was völlig Harmloses." Kilian schüttelt den Kopf.

„Ich weiß auch nicht", sagt Gesine „Vielleicht weil es so düster darin ist."

Kilian grinst. „Oh Mann, du glaubst an Gespenster!"

„Quatsch!", sagt Gesine ärgerlich. „Ich doch nicht!"

Gesine ist also gar nicht so mutig, wie sie immer tut, denkt Kilian ein wenig schadenfroh.

Mit dem Schlüssel öffnet Kilian die Tür und steuert auf den hinteren Teil des Schuppens zu.

„Mein Schlitten steht rechts in der Ecke neben den ..."

Kilian bleibt erschrocken stehen. Etwas hat sich bewegt im Dämmerlicht des Schuppens.

„Was ist?"

„Dahinten ... ra-raschelt was!", sagt Kilian vor Aufregung stotternd.

In diesem Augenblick ist auch ein schleifendes Geräusch zu hören. Wie gelähmt starren beide Kinder auf das unheimliche Wesen, das ihnen entgegenzukommen scheint. Gerade als sie fliehen wollen, schlägt hinter ihnen die Tür zu.

Kilian hat ein Gefühl, als ob sein Herz stehen bleiben würde. Gleichzeitig

Das Gespenst im Schuppen

45 bemerkt er, wie Gesine sich ängstlich an seinen Arm klammert.

Dicht aneinandergedrängt tasten sich die Kinder rückwärts zur Tür.

Bloß nicht umdrehen, denkt Kilian, sonst 50 packt uns das Gespenst von hinten.

Sie beobachten ängstlich, wie die Gestalt näher kommt. Jetzt ist sie schon am Fenster. Plötzlich bleibt das unheimliche Wesen stehen und die 55 Kinder erkennen zu ihrer Verblüffung im Dämmerlicht einen verwahrlost aussehenden alten Mann, der sich nun mühsam durch die Fensteröffnung nach draußen quält.

60 Einen Augenblick starren die beiden noch stumm auf den Fensterrahmen, durch den der Mann verschwunden ist. Dann seufzt Gesine erleichtert.

„Ich glaube, das war nur ein Obdach-65 loser, der hier übernachtet hat", flüstert sie. „Sollen wir das deinen Eltern sagen?"

Sie sieht Kilian fragend an.

„Ich weiß nicht", meint Kilian zögernd. 70 „Kann einem eigentlich leidtun, der arme Kerl."

„Find' ich auch. Muss ja schrecklich sein, bei diesem Wetter draußen zu schlafen."

Kilian nickt. „Okay, wir verraten nichts! 75 Sonst macht mein Vater wieder einen Riesenaufstand."

„Das ist jetzt unser Geheimnis", sagt Gesine. „Darauf müssen wir einen Schwur leisten!"

80 Kilian verdreht die Augen. „Muss das sein?"

„Klar!"

Typisch Gesine, denkt Kilian. Sie kommt ständig mit solchen Ideen, die sie aus 85 irgendwelchen Büchern hat.

Doch um sie nicht zu verärgern, seufzt er: „Okay, wenn du es unbedingt spannend machen willst: Ich schwöre!"

„Ich nicht!" Gesine grinst ihren Cousin 90 an. „Ich hab mir nämlich gerade überlegt, dass ich dieses Abenteuer unbedingt Vanessa erzählen muss."

Haben sich die Kinder richtig verhalten?

Was hättest du getan?

Aufgaben zur Texterschließung

1. Es gibt noch ein anderes Wort für Gespenst.

Einbrecher   Geist   Obdachloser   Gestalt

2. Beantworte die Fragen zum Text.

a) Wohin gehen die Kinder? _____

b) Was wollen die Kinder holen? _____

c) Wovor haben die Kinder Angst? _____

3. Was bedeutet …?

a) voller Verblüffung: voller Abscheu   total überrascht   sehr ängstlich

b) ein Obdachloser: jemand ohne Wohnung   ein Bettler   ein heimlicher Besucher

c) einen Schwur leisten: angeklagt sein   etwas versprechen   schwören

**4. Gesine sagt: „Euren Schuppen finde ich immer ein bisschen gruselig."
Was meint sie damit?**

☐ Sie findet den Schuppen gefährlich.   ☐ Sie findet den Schuppen unheimlich.
☐ Sie findet den Schuppen dunkel.   ☐ Sie findet den Schuppen unordentlich.

5. Wen erkennen die Kinder im Dämmerlicht?

einen Einbrecher   einen Geist   einen verwahrlosten alten Mann   einen Dieb

6. Suche die 10 wichtigsten Wörter in der Geschichte. Unterstreiche sie.

**7. Die Geschichte besteht aus drei Abschnitten: Einleitung, Hauptteil und Schluss.
Setze die passenden Überschriften dafür ein.**

Einleitung: _____

Hauptteil: _____

Schluss: _____

*Eine unheimliche Gestalt – Die Schlittenfahrt – Auf dem Weg zum Schuppen
Kampf mit einem Gespenst – Der Schwur – Eine freudige Überraschung*

8. Schreibe die Einleitung mit wenigen Sätzen auf.

Aufgaben zur Texterschließung

1. Welche Überschrift würde noch zu der Geschichte passen?

☐ Ein unheimlicher Besucher   ☐ Geister
☐ Eine Überraschung   ☐ Der Einbrecher

2. Was bedeutet „obdachlos"? Es gibt mehrere richtige Antworten.

☐ wohnungslos   ☐ verwahrlost   ☐ arm   ☐ ohne Unterkunft
☐ ohne festen Wohnsitz   ☐ kein Dach über dem Kopf   ☐ kriminell

3. Trage die Wörter ein, die ungefähr das Gleiche bedeuten.

gruselig		verwahrlost	
düster		zögernd	
ängstlich		typisch	

verlottert – verdunkelt – erschrocken – haargenau – unheimlich – furchtsam – finster – unverwechselbar – zaudernd – schrecklich – zerfetzt – furchtbar

4. Vervollständige die Sätze.

a) Die Kinder schnappen sich den Schlüssel und _____

stapfen durch den regennassen Garten. – rennen zum Schuppen. – suchen den Schlitten.

b) Kilian sagt: „Mein Schlitten steht _____

hinten im Schuppen." – links in der Ecke." – am Fenster." – rechts in der Ecke."

c) Gerade als die Kinder fliehen wollen, _____

kommt das Gespenst auf sie zu. – schlägt hinter ihnen die Tür zu. – bleibt die Gestalt am Fenster stehen. – bleibt Kilian vor Schreck stehen.

d) Gesine sagt: „Darauf müssen wir _____

schwören." – einen Eid leisten." – achten." – einen Schwur leisten."

5. Setze die richtigen Überschriften für die drei Abschnitte ein.

Einleitung: _____

Hauptteil: _____

Schluss: _____

Sicherheit – Erleichterung – Vorsicht – Angst – Erwartung – Triumph

6. Markiere in jedem Abschnitt die Schlüsselwörter.

7. Schreibe den Hauptteil mit wenigen Sätzen in dein Heft.

 Denkanstöße

Als Kilian Gesine wegen ihrer „Gespensterangst" verspottet, weist sie dies als Quatsch zurück. Wie stehst du zu Gesines Verhalten?

a) Gesine hat sich richtig verhalten, denn gegen solchen Spott muss man sich wehren.
b) Stattdessen hätte Gesine sagen können: „Na und? Ist das schlimm?"
c) Besser wäre es gewesen, wenn sie gesagt hätte: „Du hast ja selber Angst!" Angriff ist die beste Verteidigung.

Wie beurteilst du das Verhalten der Kinder und ihre Entscheidung, nichts von der Geschichte zu verraten?

a) Die Kinder haben sich richtig verhalten, denn mit solchen Menschen muss man Mitleid haben.
b) Die Kinder hätten sofort Kilians Eltern benachrichtigen sollen, denn der Mann war ein Einbrecher.
c) Die Kinder hätten den Mann vertreiben müssen, damit er nicht wiederkommt. Aber dazu waren sie wohl zu feige.

Im Schwimmbad

„Upsi, ich hab mein Handtuch vergessen!", ruft Vanessa. „Gib mir doch noch mal den Schlüssel für unseren Umkleideschrank!"

Genervt öffnet Gesine das grüne Plastikband, mit dem sie den Schlüssel an ihrem Handgelenk befestigt hat. Nicht genug, dass Vanessa an diesem Nachmittag fast zehn Minuten zu spät zum Treffen vor dem Hallenbad gekommen war. Jetzt hat sie auch noch ihr Handtuch vergessen! Und nachher, beim Umziehen wird es bestimmt wieder ewig mit ihren Haaren dauern, denkt Gesine.

Doch als sie dann mit Kilian und Lennart gemeinsam im Schwimmbad ist, hat Gesine ihren Ärger wieder vergessen. Besonders lustig ist es an den Sprungtürmen, wo Kilian und Lennart die verrücktesten Sprünge vorführen.

Schließlich fällt Gesines Blick auf die große Wanduhr.

„Mist, die Zeit ist um!", ruft sie Vanessa zu. „Wenn wir unsere Haare noch föhnen wollen, müssen wir jetzt raus!" Sie greift nach dem Schlüsselband an ihrem Arm und hält erschrocken inne.

„Ach du Schreck, der Schlüssel ist weg! Aber nee, den hattest du ja, Vanessa!"

Vanessa stemmt die Hände in die Hüften. „Ich? Hallo? Ich hab dir den Schlüssel doch zurückgegeben!"

Vergeblich versucht sich Gesine zu erinnern. „Du warst diejenige, die den Schlüssel zuletzt hatte!", behauptet sie.

„Stimmt doch gar nicht!"

„Mann!", unterbricht Kilian die beiden. „Wie wär's, wenn wir mal lieber beim Bademeister fragen, ob euer Schlüssel gefunden wurde?"

Doch der Bademeister schüttelt nur den Kopf und gibt Gesine eine Schwimmbrille, mit der sie im Wasser nach dem verlorenen Schlüssel suchen kann.

Seufzend macht sich Gesine auf den Weg. Sie schwimmt kreuz und quer durch das Becken und taucht an verschiedenen Stellen.

Plötzlich sieht sie etwas Grünes auf dem Beckenboden und taucht eilig darauf zu. Doch statt ihres Schlüssels holt sie eine Schwimmbrille aus dem Wasser.

Im Schwimmbad

„Guckt mal, ich hab 'ne Schwimmbrille gefunden!", ruft sie ihren Freunden zu.
Gerade als sie Kilian die Brille zeigen will, baut sich hinter diesem ein großer Junge auf und sagt: „Ey, das ist meine Brille!"
Während Gesine noch zögert, reißt ihr Kilian die Brille aus der Hand und versteckt sie hinter seinem Rücken.
„Wenn es wirklich deine Brille ist", sagt er zu dem Jungen, „müsstest du sie uns ja beschreiben können. Wie sieht sie aus? Welche Farbe hat das Band? Gibt es irgendwelche besonderen Merkmale?"
Der große Junge schnauft verächtlich und versucht, Kilian die Brille zu entreißen.
Doch Kilian dreht sich weg und hält die Brille weiter hinter seinem Rücken verborgen.
„Okay", knurrt der große Junge. „Die Brille ist ... äh ... grün und hat ein Band aus Gummi."

Gespannt beobachtet Gesine, wie Kilian die Schwimmbrille vorzeigt. Die Farbe stimmt zwar. Aber das Band ist aus durchsichtigem Plastik.
„Das war's dann wohl", sagt Kilian zu dem Jungen und wirft Gesine die Brille zu.
Während der große Junge noch protestiert, streift sich Gesine die Schwimmbrille über den Arm und sucht weiter.
Endlich findet sie den Schlüssel in der Nähe der Sprungtürme auf dem Boden des Beckens.
Als sie dem Bademeister die Schwimmbrille zeigt, sagt er: „Ich behalte sie ein paar Tage hier. Wenn sich keiner meldet, bekommst du sie."
Gesine ist nicht begeistert. Sie erklärt dem Bademeister, dass ein großer Junge schon versucht hat, ihr die Brille wegzunehmen.
„Das hab ich beobachtet", sagt der Bademeister und klopft ihr auf die Schulter.
„Du kannst dich darauf verlassen: Der kriegt die Brille nicht!"

Gesine und Vanessa behaupten beide steif und fest, dass sie den Schlüssel nicht als Letzte hatten. Kennst du solche Situationen?

Aufgaben zur Texterschließung — 8

1. **Welche Personen kommen in der Geschichte vor?**

   Vanessa   Wanda   Frau Harwig   der Schwimmlehrer   Kilian   Otte

   Lennart   ein großer Junge   der Bademeister   Gesine   ein großes Mädchen

2. **Welche Wörter haben ungefähr die gleiche Bedeutung?**

verborgen	erfolglos	innehalten	wegnehmen
vergeblich	entzückt	zögern	abwarten
verächtlich	versteckt	entreißen	sich beschweren
gespannt	abfällig	protestieren	unterbrechen
begeistert	erwartungsvoll	sich einschalten	stocken

3. **Ordne die Sätze den Abschnitten zu.**

   Einleitung
   Hauptteil
   Schluss

   - Als Gesine den Schlüssel sucht, findet sie eine Schwimmbrille.
   - Der Bademeister verspricht, dem Jungen die Brille nicht zu geben.
   - Die Kinder haben sich vor dem Hallenbad verabredet.
   - Am Ende findet Gesine auch den Schlüssel wieder.
   - Vanessa hat ihr Handtuch vergessen.
   - Ein großer Junge behauptet, die Brille gehöre ihm.

4. **Unterstreiche alle wichtigen Wörter im Text.**

5. **Wer spricht? Setze die richtigen Namen ein.**

   a) „Gib mir noch mal den Schlüssel für den Umkleideschrank!", bittet _____

   b) „Mist, die Zeit ist um!", sagt _____

   c) „Ach du Schreck, der Schlüssel ist weg", stammelt _____

   d) „Wie wär's, wenn wir den Bademeister fragen würden?", schlägt _____ vor.

   e) „Guckt mal, ich hab' 'ne Schwimmbrille gefunden!", ruft _____

   f) „Das ist meine Brille!", behauptet _____

   g) „Das war's dann wohl", sagt _____

   h) „Ich behalte die Brille ein paar Tage hier", sagt _____

Aufgaben zur Texterschließung

1. **Suche eine Überschrift aus, die auch gut zu der Geschichte passen würde. Schreibe sie auf. Denk daran, dass eine Überschrift nicht zu viel verraten darf!**

   _____

   Der überlistete Betrüger – Kampf um eine Schwimmbrille – Streit unter Freundinnen
   Ein Nachmittag im Freibad – Der verlorene Schlüssel – Schwimmbrille gefunden

2. **Welche Aussage stimmt?**

   ☐ Gesine hat ihr Handtuch im Umkleideraum vergessen.
   ☐ Kilian und Lennart führen einige verrückte Sprünge am Sprungturm vor.
   ☐ Als Vanessa auf die Uhr guckt, stellt sie fest, dass die Zeit abgelaufen ist.
   ☐ Gesine stellt fest, dass das grüne Band mit dem Schlüssel weg ist.
   ☐ Als sie nach dem Schlüssel sucht, findet sie eine Schwimmbrille.
   ☐ Ein großer Junge behauptet, die Brille gehöre ihm.
   ☐ Kilian nimmt die Schwimmbrille und läuft damit zum Bademeister.
   ☐ Der Bademeister will die Brille ein paar Tage behalten.

3. **Der Text lässt sich in sechs Abschnitte einteilen. Bringe die Überschriften in die richtige Reihenfolge.**

   ① _____
   ② _____
   ③ _____
   ④ _____
   ⑤ _____
   ⑥ _____

   Spaß im Hallenbad – Glück im Unglück – Ein verständnisvoller Bademeister –
   Der verlorene Schlüssel – Ein vergessliches Mädchen – Betrugsversuch

4. **Unterstreiche im Text 10 Schlüsselwörter und ordne sie den Abschnitten zu.**

   Einleitung: _____

   Hauptteil: _____

   Schluss: _____

5. **Vervollständige mit eigenen Worten die Sätze in deinem Heft.**

   a) Gesine gibt Vanessa den Schlüssel, weil …
   b) Als sie das Schwimmbad verlassen wollen, stellt Gesine fest, dass …
   c) Als Gesine eine Schwimmbrille gefunden hat, versucht …
   d) Der Bademeister verspricht, dass der große Junge …

 Denkanstöße

Obwohl Gesine sich nicht ganz sicher ist, behauptet sie Vanessa gegenüber, den Schrankschlüssel nicht als Letzte gehabt zu haben.

Gesines Verhalten war ...

a) falsch, denn das war eine Lüge.
b) in Ordnung, da sie sich ihrer Sache ziemlich sicher war.
c) verständlich, aber sie hätte noch hinzufügen sollen, dass sie sich nicht völlig sicher ist.

Statt dem großen Jungen die Brille gleich zu geben, hat Kilian sie zuerst hinter seinem Rücken versteckt.

Kilians Verhalten war ...

a) in Ordnung, aber er hätte die Brille auch gleich behalten können, weil doch klar war, dass der große Junge lügt.
b) richtig, denn es bestand der Verdacht, dass der große Junge lügt.
c) eigentlich nicht in Ordnung, da die Brille Kilian ja nicht gehört.

Reingelegt

„Otte mit seinen blöden Sprüchen über Mädchen geht mir allmählich echt auf den Geist!", schimpft Gesine, als sie sich mit Kilian auf dem Schulweg darüber
5 unterhält, dass er seit einiger Zeit neben Otmar Kolle sitzen muss.
Otmar war umgesetzt worden, weil er mit seinem Freund Richard Wintschek ständig den Unterricht gestört hatte.
10 „Otte – wenn ich an den schon denke!", sagt Kilian. „Vorige Woche hab' ich aus Versehen seinen Farbkasten eingesteckt. Und am nächsten Tag hat Otte einfach behauptet, mein neuer Farb-
15 kasten wäre seiner."

„Waaas?" Gesine sieht Kilian erstaunt an.
„Das Krasse ist, dass Otte auch Frau Harwig gegenüber steif und fest be-
20 hauptet hat, es wäre sein neuer Malkasten."
„Voll gemein!" Gesine zieht die Stirn kraus. „Kannst du den Kasten nicht einfach heimlich umtauschen?"
25 „Wie denn?" Kilian schüttelt den Kopf. „Da passt Otte schon auf."
„Warte mal ... ich hab 'ne Idee!" Gesine flüstert, obwohl niemand in der Nähe ist. „Heute in der großen Pause schleichst
30 du dich heimlich wieder in die Klasse und tauschst die Malkästen um."
„Spinnst du? Wenn die Aufsicht mich sieht, bin ich dran!"
Doch Gesine winkt ab: „Den Aufsichts-
35 lehrer lenke ich schon ab."

„Und wenn die Klasse abgeschlossen ist?", fragt Kilian, dem die Sache immer noch zu schwierig scheint.
„Frau Harwig schließt doch nie ab!"
40 Kilian seufzt: „Also gut. Ich versuch's!"
Als Kilian den Klassenraum betritt, hat er ein ungutes Gefühl im Magen. Mit wenigen Schritten ist er an Ottes Platz und durchwühlt den Ranzen. Kein Farb-
45 kasten!
Als er die Schultasche schnell wieder zurückstellen will, fällt sie ihm aus der Hand und der gesamte Inhalt landet auf dem Boden.
50 Hastig sammelt Kilian die Sachen wieder ein. Dabei fällt sein Blick auf einen ganz klein zusammengefalteten Zettel. Neugierig faltet er ihn auseinander.
„Das gibt's doch gar nicht!", murmelt er
55 vor sich hin.
Kurzentschlossen steckt er den Zettel ein und schleicht wieder aus der Klasse. Unbemerkt huscht Kilian auf den Schulhof, wo ihm Gesine schon entgegen-
60 kommt.
„Und?" Gesine sieht ihn erwartungsvoll an.
„Kein Farbkasten!", flüstert Kilian.
Doch als er Gesines enttäuschtes Gesicht
65 sieht, muss er grinsen. „Aber ich hab' was anderes gefunden. Guck mal!" Kilian drückt Gesine den Zettel in die Hand.
„Ich glaub's nicht!" Gesine lacht. „Ein Brief an Jessica! Und ausgerechnet von
70 Otte, der doch immer den Coolen spielt.

Reingelegt

Damit hast du ihn in der Hand!"

„Auf jeden Fall."

Gemeinsam gehen sie zu Otte hinüber.

„Wie wär's, wenn du morgen meinen Farbkasten wieder rausrücken würdest?", fragt Kilian und sieht Otte herausfordernd an.

„Träum weiter!" Otte sieht Kilian finster an. „Die Sache ist doch wohl geklärt. Der Farbkasten gehört mir!"

„Schade, ich dachte, du hättest es nicht gerne, wenn ich diesen Brief in der Klasse herumzeige."

Dabei wedelt Kilian mit dem Zettel in der Luft.

Otte reißt die Augen auf und greift nach dem Brief.

Doch Kilian steckt den Zettel schnell Gesine zu, die damit in Richtung Mädchentoilette losrennt.

Otte presst die Lippen aufeinander und stößt schließlich hervor: „Okay, du kannst deinen dämlichen Farbkasten wiederhaben."

Zufrieden sieht Kilian, wie Otte sich ärgert.

Kann man Kilians Verhalten entschuldigen?

Aufgaben zur Texterschließung

1. Lies den ersten Abschnitt der Geschichte und setze die richtigen Wörter ein.

a) Welchen Spitznamen hat der Junge, neben dem Kilian sitzt? _____

b) Der Junge will Kilians neuen _____ nicht wieder hergeben.

c) Gesine schlägt vor, Kilian solle in der Pause heimlich in die _____ schleichen und sich den Farbkasten aus _____ Ranzen holen.

2. Was geschieht, als Kilian im Klassenraum ist?

☐ Wütend wirft Kilian Ottes Schulsachen auf den Boden.
☐ Kilian fällt die Schultasche aus der Hand.
☐ Gründlich durchsucht Kilian Ottes auf dem Boden liegende Schulsachen.
☐ Kilian findet einen Brief von Otte an Jessica.

3. Hier stehen drei Kurzfassungen der Geschichte. Welche stimmt?

☐ Um Ottes neuen Farbkasten zu bekommen, muss Kilian ihn reinlegen.
☐ Otte hat Kilians Farbkasten mitgenommen und will ihn nicht wieder hergeben. Doch Kilian kann ihn überlisten.
☐ Otte will Kilians neuen Farbkasten nicht wieder hergeben. Kilian plant, sich den Brief aus Ottes Schultasche zu holen, um so seinen Malkasten wiederzubekommen.

4. Welche Ausdrücke bedeuten ungefähr das Gleiche?

kurzentschlossen		gegen jemanden ein Druckmittel besitzen
ein ungutes Gefühl haben		spontan
jemanden in der Hand haben		in großer Eile
hastig		ängstlich sein

5. Suche eine passende Überschrift für Einleitung, Hauptteil und Schluss.

Einleitung: _____

Hauptteil: _____

Schluss: _____

Eine heimliche Aktion – Auf dem Schulhof – Gesines Plan – Kilians Triumph – Auf dem Heimweg

6. Schreibe in einem Satz auf, was Kilian in Ottes Schultasche findet.

_____
_____

Aufgaben zur Texterschließung

1. Die Geschichte heißt „Reingelegt". Welche Aussage passt zum Inhalt?

☐ Wer andere reinlegt, sollte eine Strafe bekommen.
☐ Wer Unrecht tut, darf sich nicht beklagen, wenn er reingelegt wird.
☐ Wer reingelegt wird, hat Mitleid verdient.

2. Wie gehören die Satzteile zusammen?

Als Kilian den Klassenraum betritt,	auf einen zusammengefalteten Zettel.
Als er die Schultasche zurückstellen will,	steckt er den Zettel ein.
Hastig	sammelt Kilian die Sachen wieder ein.
Dabei fällt sein Blick	hat er ein ungutes Gefühl im Magen.
Kurzentschlossen	fällt sie ihm aus der Hand.

3. Was bedeuten diese Ausdrücke?

a) Gesine sagt: „Das geht mir echt auf den Geist!"
   ☐ Das ist gemein.   ☐ Das ärgert mich.   ☐ Das verletzt mich.   ☐ Das ist ungerecht.

b) Kilian sagt: „Wenn die Aufsicht mich sieht, bin ich dran."
   ☐ … werde ich ausgelacht.   ☐ … habe ich kein Glück.   ☐ … bekomme ich Ärger.

c) Gesine sagt: „Damit hast du ihn in der Hand!"
   ☐ Jetzt ist bewiesen, dass Otte gelogen hat.   ☐ Jetzt kannst du ihn unter Druck setzen.
   ☐ Jetzt hast du Glück.   ☐ Jetzt kannst du ihn auslachen.

4. Welche Sprichwörter passen zu Einleitung, Hauptteil und Schluss?

Einleitung: _____

Hauptteil: _____

Schluss: _____

*Ein Unglück kommt selten allein – Wer zuletzt lacht, lacht am besten – Ohne Fleiß kein Preis
Aller guten Dinge sind drei – Wer nicht wagt, der nicht gewinnt – Gut geplant ist halb gewonnen*

5. Suche die Schlüsselwörter in Einleitung, Hauptteil und Schluss. Schreibe sie auf.

Einleitung: _____

Hauptteil: _____

Schluss: _____

 **Denkanstöße**

Wie beurteilst du Kilians Verhalten Otte gegenüber?

a) Kilian hat sich falsch verhalten. Im Grunde hat er Otte erpresst.
b) Kilian war wegen Ottes Gemeinheit gezwungen, auch etwas unfaire Mittel anzuwenden.
c) Schade, dass Kilian Ottes Brief nicht herumgezeigt hat.
   Das wäre eine gerechte Strafe gewesen.

Wie beurteilst du Gesines Rolle in dieser Geschichte?

a) Gesine hat Kilian angestiftet, etwas Unrechtes zu tun.
b) Gesine hätte sich ganz aus der Sache heraushalten sollen.
c) Gesine hat Kilian darin unterstützt, sein Recht zu bekommen.

Eine Wand für alle – Test

„Mist! Schon wieder besetzt!" Enttäuscht blickt Kilian zur einzigen Wand ohne Fenster, wo zwei Drittklässler Federball spielen.
5 „Warte mal, ich regele das", sagt Lennart. Er baut sich vor den beiden Jungen auf. „Sorry Leute, aber ab jetzt wird hier ‚Eule' gespielt!"
Die beiden Drittklässler sehen Lennart
10 verständnislos an. „Nee, wir spielen hier!"
„Mann, Federball könnt ihr doch überall spielen!", mischt sich Kilian ein. „Aber für ‚Eule' braucht man nun mal 'ne Wand
15 ohne Fenster."
Doch die beiden aus der 3. Klasse drehen sich stumm um und setzen ihr Federballspiel fort.
Kilian spürt, wie er wütend wird. „Voll die
20 Egos!"
„Warte mal!" Lennart nimmt Kilian den Ball aus der Hand und schießt ihn mit voller Wucht gegen die Wand.
Kilian beginnt mitzuspielen und kümmert
25 sich nicht um die Proteste der Drittklässler.

Schließlich ziehen sich die beiden kleineren Jungen zurück.
Kilian und Lennart grinsen sich an.
30 „Yes!", stößt Lennart aus, während er den Ball ein weiteres Mal gegen die Wand schießt. „Schade, dass Robin und Stefan nicht mitmachen wollen", ruft Lennart. „Zu viert macht's einfach mehr
35 Spaß."
„Ja, schade! Aber ich bin schon froh, dass wir beide jetzt wenigstens ungestört spielen können", sagt Kilian und macht sich daran, den Ball erneut zu schießen.
40 Da hat sich die Gerechtigkeit doch durchgesetzt, denkt er zufrieden.

*****

45 Doch wenig später fühlt sich Kilian plötzlich von hinten festgehalten. Erschrocken dreht er sich um und sieht in das Gesicht von Herrn Beier. Die Augenbrauen zusammengezogen sieht Herr
50 Beier nicht gerade freundlich aus.
„Stimmt es, dass Kevin und Malte zuerst hier waren und dass ihr sie vertrieben

Eine Wand für alle – Test

habt?", fragt er mit strenger Stimme.
Kilian schluckt. „Schon, aber es gibt
doch keine andere Stelle, an der man
‚Eule' spielen kann. An allen anderen
Wänden sind doch Fenster."
„Toll!", sagt der größere Drittklässler.
„Das hier ist zufällig auch die einzige
windgeschützte Stelle zum Federballspielen!"
Daran hatte Kilian nicht gedacht. Ärgerlich klemmt er sich den Ball unter den
Arm und will Lennart mit sich ziehen.
„Wie wär's, wenn wir alle zusammen
‚Eule' spielen würden", schlägt der kleinere Drittklässler vor.
Kilian und Lennart bleiben stehen.
„Klar, warum nicht?", sagt Lennart. „Das
hätte dir ja wohl auch schon früher einfallen können!"
„Allerdings!" Kilian nickt.

„Hättet ihr uns freundlich gefragt, hätten
wir es von Anfang an so machen können", antwortet der andere Drittklässler
und grinst die beiden größeren Jungen
an.
„Und genau deswegen ist es so wichtig,
dass ihr miteinander redet", erklärt Herr
Beier, „bevor ihr streitet!"
Leicht verlegen schießt Kilian den Ball
gegen die Wand.

Warst du auch schon einmal in so einer Situation? Wie wurde das Problem gelöst?

Die kleineren Kinder haben einen Lehrer geholt. War das berechtigt, oder war das petzen?

Eine Wand für alle – Test

Name: _____ **Datum:** _____

1. Wie heißt das Ballspiel, das Kilian und Lennart spielen wollen? _____

2. Was spielen die beiden kleineren Jungen? _____

3. Wie heißen die beiden kleineren Jungen? _____ _____

4. Warum wollen Kilian und Lennart an dieser Wand spielen?

    ☐ weil sie an dieser Wand ungestört sind   ☐ weil die Wand keine Fenster hat
    ☐ weil es an dieser Wand windstill ist   ☐ weil sie an dieser Wand niemand sieht

5. Wie steht Herr Beier zu dem Konflikt?

    ☐ Herr Beier hat gesehen, was passiert war, und fand es nicht gut.
    ☐ Herr Beier hält natürlich erst einmal zu den jüngeren Schülern.
    ☐ Herr Beier weiß zunächst nur, was die Drittklässler ihm gesagt haben.
    ☐ Herr Beier findet, dass die Schüler solche Konflikte gefälligst allein klären sollen.

6. Als die Drittklässler stumm weiterspielen, schießt Lennart den Ball gegen die Wand.

    Das war …
    ☐ unfair. Die kleineren Jungen einfach wegzudrängen ist keine faire Lösung.
    ☐ in Ordnung, denn die Drittklässler haben sich ja im Grunde genauso verhalten.

7. Da hat sich die Gerechtigkeit doch durchgesetzt, denkt Kilian zufrieden.

    Kilian hat …
    ☐ recht, denn es ist ungerecht, dass die Drittklässler den einzigen Platz besetzen, an dem man „Eule" spielen kann.
    ☐ unrecht, denn er sieht nur seine eigenen Gründe, nicht die der anderen Jungen.
    ☐ recht, denn freiwillig wären die Drittklässler nicht weggegangen.

8. Wie stehen die beiden jüngeren Kinder zu Kilian und Lennart?

    ☐ Sie haben Angst vor Kilian und Lennart.
    ☐ Sie haben nichts dagegen, mit Kilian und Lennart zusammen zu spielen.
    ☐ Sie wollen, dass die großen Jungen von Herrn Beier bestraft werden.

9. Am meisten hat die Drittklässler geärgert, …

    ☐ dass sie nicht mehr Federball spielen konnten.
    ☐ dass die Viertklässler stärker sind als sie.
    ☐ dass sie nicht gefragt wurden, ob sie bei Kilian und Lennart mitspielen wollen.

10. Wie heißt der letzte Satz der Geschichte?

    ☐ Leicht verlegen geht Kilian weg.   ☐ Leicht verlegen sieht Kilian Lennart an.
    ☐ Leicht verlegen schießt Kilian den Ball gegen die Wand.

Du hast _____ von 11 Punkten erreicht.

Der Glücksbringer – Test

„Na, dann wollen wir uns mal an den Abstieg machen", sagt Frau Harwig. „Aber denkt noch mal daran: Niemand steigt über ein Geländer! Habt ihr verstanden?"

Streng blickt Frau Harwig ihre Schüler an.

Die Klasse 4b ist an ihrem Wandertag zum Hollenfels gefahren. Eine Gegend zum Klettern, wie Lennart allen erzählt hatte. Doch vom Klettern hatte Frau Harwig natürlich nichts wissen wollen. Und jetzt, wo sich Gesine hinter den anderen die Stufen hinuntertastet, versteht sie auch, warum: Zu schwindelerregend sind die Abgründe neben ihnen.

An einer besonders steilen Stelle bleiben Gesine, Kilian und ein paar andere Kinder stehen und lehnen sich gegen das Geländer.

„Wär schon krass, wenn das Geländer jetzt abbrechen würde!", meint Kilian.

Schaudernd starrt Gesine in den Abgrund.

„Das dürfte heute kaum passieren", ruft Nayan. Mit wichtiger Miene zieht er eine Kette mit Anhänger aus der Tasche. „Unser Familienglücksbringer!"

„Zeig mal!" Lennart nimmt Nayan die Kette ab, spielt damit herum und tut so, als ob er den Anhänger über das Geländer werfen würde.

„Spinnst du?", ruft Kilian und reißt Lennart die Kette aus der Hand. Als Lennart sich die Kette wiederholen will, wirft Kilian sie Nayan zu. Doch Nayan kann seinen Glücksbringer nicht fangen und die Kette fliegt über die Absperrung nach unten.

Entsetzt beobachtet Gesine, wie der Anhänger an einem Felsvorsprung hängen bleibt.

Mit zitternder Stimme stammelt Nayan: „Was machen wir denn jetzt?"

„Da unten", murmelt Kilian, während er über die Absperrung nach unten sieht, „scheint so 'ne Art Pfad zu sein. Ich hole den Anhänger zurück, okay?"

Gesine kann es nicht fassen. „Bist du verrückt? Diese Pfade sind nur für

Der Glücksbringer – Test

Bergsteiger und ausgebildete Kletterer!" Doch Kilian lässt sich nicht davon abbringen und klettert ein paar Stufen tiefer über das Geländer.

Gesine hält die Luft an. Angstvoll beobachtet sie, wie sich Kilian Schritt für Schritt an der Felswand entlangtastet. Als er sich langsam bückt und versucht, den Anhänger zu erreichen, sieht Gesine, dass seine Knie zittern. Er muss sich weit vorbeugen, kann die Kette aber schließlich fassen. Nun müsste er sich umdrehen, um zurückzugehen. Doch das ist offenbar nicht leicht auf dem schmalen Grat.

„Ich kann nicht!", schreit Kilian mit einem Zittern in der Stimme. „Mir wird schwindelig!"

„Warte!", ruft Gesine zurück. „Ich hole Hilfe! Bleib wo du bist!"

In Windeseile rast sie die Stufen hinunter.

Kurz vor dem letzten Steg holt sie die anderen ein. Vor Aufregung stotternd erzählt sie Frau Harwig, was geschehen ist.

Sichtlich geschockt eilt Frau Harwig nach oben.

Gesine aber läuft die letzten Meter hinunter und weiter Richtung Parkplatz.

„Haben Sie ein Seil?", ruft sie dem Busfahrer schon von weitem zu.

Während der Busfahrer ein Abschleppseil aus dem Gepäckraum holt, erzählt Gesine, was passiert ist. Eilig machen sich die beiden auf den Weg nach oben. Dem Fahrer gelingt es schließlich, das Seil von oben herunterzulassen, so dass Kilian es greifen kann.

Aufgeregt beobachtet Gesine, wie Kilian sich nach Anweisung von Frau Harwig das Seil um den Brustkorb bindet.

Endlich scheint er sich sicherer zu fühlen und schafft nun auch ohne Probleme den Rückweg.

Kaum angekommen erwartet ihn jedoch ein Donnerwetter von Frau Harwig. Mit hängendem Kopf lässt Kilian die Vorwürfe über sich ergehen.

Dann machen sich alle erleichtert an den Abstieg.

„Musstest du mich denn unbedingt bei Frau Harwig verpetzen?", fragt Kilian Gesine vorwurfsvoll.

Gesine schnauft empört. „Na toll! Ich hab dir das Leben gerettet, und du meckerst mich an!"

Findest du, dass es richtig von Gesine war, ihrer Lehrerin zu erzählen, was passiert ist?

Der Glücksbringer – Test

Name: _____ Datum: _____

1. **Wohin sind die Schüler gefahren?**

   ☐ zum Hollenfels   ☐ zum Hollenstein   ☐ zum Hohenstein

2. **Frau Harwig ermahnt die Kinder:**

   ☐ „Alle bleiben zusammen!"   ☐ „Alle fassen sich an!"
   ☐ „Niemand steigt über ein Geländer!"   ☐ „Keiner darf die anderen schubsen!"

3. **Welchen Glücksbringer hat Nayan mitgebracht?**

   ☐ ein Medaillon   ☐ eine Perlenkette   ☐ eine Kette mit Anhänger

4. **Fülle die Lücken aus.**

   _____ nimmt Nayan den Glücksbringer ab. Er tut so, als ob er ihn

   über das _____ werfen würde. _____ reißt ihm den

   Glücksbringer aus der Hand und _____ ihn Nayan zu.

5. **Wer ist verantwortlich für den Unfall mit dem Anhänger?**

   ☐ Lennart und Kilian, denn sie haben beide nicht gut genug aufgepasst.
   ☐ Nur Lennart, denn Kilian wollte Nayan ja nur helfen.
   ☐ Nur Kilian, denn Lennart hatte den Glücksbringer ja gut festgehalten.
   ☐ Nayan, denn er hätte seinen Glücksbringer gar nicht mitbringen sollen.

6. **Welche Rolle spielt Gesine bei der Rettungsaktion?**

   ☐ Sie verpetzt Kilian.
   ☐ Sie verlässt sich ganz auf die Erwachsenen, weil sie denkt, dass diese sicher wissen, wie man helfen kann.
   ☐ Sie hat die richtige Idee und sorgt dafür, dass diese ausgeführt wird.
   ☐ Sie hilft nicht wirklich. Nur der Busfahrer hilft.

7. **Welche Rolle spielt das Seil bei der Rettungsaktion?**

   ☐ Durch das Seil ist Kilian vollkommen gesichert.
   ☐ Durch das Seil fühlt sich Kilian sicher und schafft so den Rückweg.
   ☐ Das Seil ist im Grunde überflüssig, denn Kilian geht ja letztlich doch allein zurück.

8. **Warum schimpft Frau Harwig Kilian aus?**

   ☐ Weil Kilian sich in Gefahr gebracht hat.
   ☐ Weil Kilian sich etwas zutraut, das er dann doch nicht kann.

Du hast _____ von 11 Punkten erreicht.

Die Kajakfahrt – Test

Aufgeregt versammeln sich die Kinder am Seeufer. Sie sind auf Klassenfahrt und heute steht eine Kajakfahrt auf dem Programm. Jeweils ein Junge und ein Mädchen sollen in einem Boot sitzen.
Herr Beier verteilt an alle Schwimmwesten.
Dann erklärt er umständlich, was sie beachten sollen. „Und denkt daran: Die empfindlichen Paddel sind wirklich nur zum Paddeln gedacht, nicht zum Abstoßen des Bootes oder dergleichen!"
„Maaann", stöhnt Kilian ungeduldig, aber so leise, dass Herr Beier ihn nicht hört.
Endlich geht es los. Barfuß tragen Kilian, Gesine, Lennart und Vanessa nacheinander ihre beiden Kajaks ins Wasser.
Unter Kichern klettern sie in ihre Boote und werden vom Bootswart abgestoßen.
Es dauert eine Weile, bis Kilian und Gesine gleichmäßig paddeln können. Doch dann geht es schnell voran.
„Macht echt Spaß!", ruft Gesine von vorne.
Plötzlich kommt ihnen Herr Beier entgegen.
„Fahrt langsam weiter!", ruft er. „Ich muss mich mal um die Zurückgebliebenen kümmern."
Kurze Zeit später fühlt Kilian einen heftigen Ruck. Lennart hat die Abwesenheit von Herrn Beier genutzt, um Kilians Boot zu rammen.
Sofort nimmt Kilian sein Paddel und spritzt Lennart und Vanessa nass. Mit einer geschickten Bewegung versucht Lennart, Kilians Paddel wegzuschieben, doch Kilian hält dagegen. In übermütiger und ausgelassener Stimmung entwickelt sich eine Art Paddel-Schwertkampf zwischen den beiden.
„Beierlein kommt!", ruft Vanessa plötzlich aufgeregt.
Blitzschnell ziehen die Jungen ihre Paddel wieder ein und fahren friedlich weiter.
Doch Kilian stellt auf einmal fest, dass sich bei dem Kampf offenbar sein linkes Paddelblatt gelockert hat. Vergeblich bemüht er sich, gleichmäßig weiterzupaddeln.
Doch das Blatt dreht sich bei jedem Schlag mit.
„Vielleicht hilfst du dahinten auch mal mit!", meckert Gesine von vorn.
„Mach ich doch!", behauptet Kilian und versucht verzweifelt, einigermaßen mitzuhalten. Doch so sehr er sich auch bemüht, ihr Boot wird immer langsamer und fährt kreuz und quer, aber nicht mehr geradeaus.
Zum Glück wird kurz darauf in einer sandigen Bucht eine Pause gemacht.
In einem wilden Durcheinander ziehen die Schüler die Kajaks auf den Strand und legen die Paddel in den Sand.

Die Kajakfahrt – Test

Als sie die Rückfahrt antreten wollen, sieht Kilian gerade, wie Ricki gedankenlos das beschädigte Paddel schnappt. Perfekt, denkt Kilian und steigt erleichtert mit einem unbeschädigten Paddel in sein Kajak. Doch während er auf der Rückfahrt beobachtet, wie unbeholfen sich Rickis Boot im Wasser fortbewegt, bekommt er ein schlechtes Gewissen.
Noch schlimmer wird es, als sie im Camp ankommen und Herr Beier Ricki zur Rede stellt. Verzweifelt beteuert Ricki, dass er das Paddel schonend behandelt hat, doch Herr Beier glaubt ihm nicht.
„Die Paddel waren alle in Ordnung. Von selbst gehen die nicht kaputt!"
„Ich, äh ... ich glaube, das ist mein Paddel", beginnt Kilian und blickt verlegen in das erstaunte Gesicht seines Lehrers. „Ich hab' mit Lennart 'nen kleinen Kampf ausgetragen. Dabei ist es kaputtgegangen."
„Ich hatte euch doch ausdrücklich gebeten, vorsichtig mit den empfindlichen Paddeln umzugehen!", schimpft Herr Beier ärgerlich. „Das wird dich wohl dein Taschengeld kosten."
Kilian nickt und geht unglücklich hinter den anderen her.
„Na ja, wenigstens hast du es zugegeben", hört er Herrn Beier noch sagen.
Kilian seufzt.

Was glaubst du, warum Kilian seinen Fehler zugegeben hat?

Die Kajakfahrt – Test

Name: _____   Datum: _____

1. Wie sind die Boote besetzt?

In jedem Boot sitzen jeweils _____

2. Was verteilt Herr Beier an alle Schüler? _____

3. Warum kehrt Herr Beier noch einmal um?

Er will _____

4. Warum kämpfen Kilian und Lennart mit den Paddeln?

☐ Kilian ist sauer, weil Lennart ihn nassgespritzt hat.
☐ Sie kämpfen nur zum Spaß.
☐ Kilian kämpft gegen Lennart, weil er ihn nicht vorbeilassen will.

5. Was ist bei dem Kampf passiert?

☐ Kilians Paddel ist abgebrochen.
☐ Kilian hat sein Paddel mit dem von Ricki vertauscht.
☐ Kilian hat sich an seinem Paddel verletzt.
☐ An Kilians Paddel hat sich ein Paddelblatt gelockert.

6. Fülle die Lücken aus.

In einer sandigen Bucht wird eine Pause gemacht. Die Schüler ziehen die

_____ auf den Strand und legen die _____

in den _____ .

7. Wie geht es Kilian auf dem Rückweg?

☐ Kilian sieht schadenfroh, wie Ricki mit seinem Boot Probleme hat.
☐ Kilian ist heilfroh, dass er wieder ein unbeschädigtes Paddel hat.
☐ Kilian ist erst erleichtert, doch dann beginnt er, sich schuldig zu fühlen.

8. Wie ist die Situation, nachdem Kilian zugegeben hat, das Paddel beschädigt zu haben?

☐ Kilian muss zwar etwas von seinem Taschengeld hergeben, fühlt sich aber jetzt nicht mehr so schuldig.
☐ Weil Kilian zugegeben hat, das Paddel beschädigt zu haben, darf er jetzt sein Taschengeld behalten.
☐ Kilian hätte besser nichts zugeben sollen. Dann hätte er auch nichts bezahlen müssen.

Du hast _____ von 10 Punkten erreicht.

Lösungen — Das Mathe-Genie

Aufgaben zur Texterschließung

1. Welche Überschrift würde auch zu der Geschichte passen? Kreise ein.

Kilians Kampf   Gesine hat Probleme   (Kilian in Not)   Ein lustiger Vormittag

2. Hier stehen zwei Kurzfassungen der Geschichte. Welcher Text stimmt?

a) ☐ Kilian und Gesine gehen zur Schule. Unterwegs stellt Kilian fest, dass er gestern vergessen hat, seine Mathe-Hausaufgaben zu machen. Aber Gesine legt heimlich ihr Heft auf den Boden vor Kilians Platz, damit der Lehrer nichts merkt. Leider hat Gesine nicht richtig gerechnet, sodass Kilian ein falsches Ergebnis vorlesen muss.

b) ☒ Kilian und Gesine gehen zur Schule. Unterwegs stellt Kilian fest, dass er sein Mathematikheft zu Hause liegen gelassen hat. Doch Gesine schiebt ihm im Unterricht heimlich ihr Heft zu, damit Kilian die Aufgaben vorlesen kann. Leider ist Gesines Ergebnis falsch, während Kilian zu Hause die richtige Lösung gefunden hatte.

3. Was bedeuten diese Sätze?

Kilian ist entsetzt. ⇨ Kilian ist bestürzt.
Kilian ist unsicher. ⇨ Kilian ist unentschlossen.
Kilian ist unruhig. ⇨ Kilian ist nervös.
Kilian ist fassungslos. ⇨ Kilian ist verblüfft.

4. Der Text lässt sich in mehrere Abschnitte gliedern. Bringe dazu die folgenden Überschriften in die richtige Reihenfolge.

① **Auf dem Schulweg**   ② **Eine unangenehme Entdeckung**
③ **Gesines Idee**   ④ **Kilian hat Bedenken**
⑤ **Eine schwierige Aktion**   ⑥ **Die verpasste Gelegenheit**

Gesines Idee – Die verpasste Gelegenheit – Eine schwierige Aktion – Auf dem Schulweg – Eine unangenehme Entdeckung – Kilian hat Bedenken

5. In der Geschichte steht der Satz: „Kilian hat kein gutes Gefühl dabei." Kreise die Aussage ein, die eine ähnliche Bedeutung hat.

Kilian ist vorsichtig.   Kilian ist verzweifelt.   (Kilian ist unsicher.)   Kilian ist verlegen.

6. Finde 10 Schlüsselwörter in der Geschichte. Unterstreiche sie.

7. Suche dir einen der Abschnitte aus Aufgabe 4 aus und fasse den Text mit eigenen Worten zusammen.

Aufgaben zur Texterschließung

1. Weißt du, was das Wort „Genie" bedeutet?

☒ ein hochbegabter Mensch   ☐ ein Spitzensportler
☐ ein Mensch, der gut rechnen kann

2. In dieser Geschichte kommen zwei Kinder vor.

Der Junge heißt: **Kilian**   Das Mädchen heißt: **Gesine**

3. Welcher Text stimmt?

a) ☐ Kilian hat vergessen, seine Mathe-Hausaufgaben zu machen. Darum liest er Gesines Lösung vor. Kilian ärgert sich, weil Gesines Lösung falsch ist.

b) ☒ Kilian hat sein Matheheft zu Hause liegen lassen. Darum liest er Gesines Lösung vor, die aber falsch ist. Kilian ärgert sich, weil er zu Hause die richtige Ergebnis herausbekommen hatte.

4. Was bedeuten diese Wörter?

stopfen ⇨ quetschen   murmeln ⇨ brummeln
kramen ⇨ wühlen   klappen ⇨ gelingen
stöhnen ⇨ seufzen   greifen ⇨ sich schnappen

Wenn in dem Text noch andere Wörter sind, die du nicht kennst, frage deine Lehrerin oder schlage im Lexikon nach.

5. Der Text lässt sich in drei Abschnitte einteilen. Suche die passenden Überschriften dazu.

Einleitung: **Auf dem Schulweg**
Hauptteil: **Kilian in Schwierigkeiten**
Schluss: **Ein überraschendes Ergebnis**

Kilian in Schwierigkeiten – Ein überraschendes Ergebnis – Auf dem Schulweg

Arbeite mit einem Partner zusammen.

6. Suche mit deinem Partner in der Geschichte die 10 wichtigsten Wörter. Unterstreicht sie.

7. Erzähle deinem Partner, was an dem Tag auf dem Schulweg geschieht.

Lösungen — Mobbing

Aufgaben zur Texterschließung

1. Welche Überschrift würde auch noch zu der Geschichte passen? Schreibe sie auf.

Hilfe unter Freundinnen

Rache – Hilfe unter Freundinnen – Ein gefährlicher Heimweg – Der verletzte Arm

2. Beantworte die Fragen zum Text.

a) Wer sieht zuerst, dass Sibel weint? — **Vanessa**
b) Wer macht den Vorschlag, Sibel auf dem Heimweg zu begleiten? — **Gesine**
c) Wer wirft einen Turnbeutel in den Dreck? — **Jessica**
d) Wer wirft einen Turnbeutel in den Baum? — **Wanda**
e) Wem gehört der Turnbeutel im Baum? — **Jessica**
f) Wer hilft Sibel, auf den Baum zu klettern? — **Gesine**

3. Kannst du die Sätze richtig zusammensetzen?

Weil Gesine Sibel nicht im Stich lassen will, ⇨ stellt sie sich ganz dicht an den Stamm.
Sie rüttelt so lange an den Zweigen, ⇨ bis der Beutel herunterfällt.
Beim Abstieg aber schafft es Sibel nicht, ⇨ Gesines Schultern zu erreichen.
Sie rutscht am Stamm nach unten ⇨ und kratzt sich an der Baumrinde den Arm auf.
Mit schmerzverzerrtem Gesicht ⇨ sitzt sie am Boden.
Alle starren stumm ⇨ auf den blutenden Arm.
Hastig schnappt Jessica ihren Turnbeutel ⇨ und macht sich mit Wanda auf den Weg.

4. Markiere 10 Schlüsselwörter. Ordne sie der Einleitung und dem Hauptteil zu.

Einleitung: _____
Hauptteil: _____

5. Schreibe den Schluss der Geschichte mit eigenen Worten.

Mit schmerzverzerrtem Gesicht sitzt Sibel am Boden. _____

Aufgaben zur Texterschließung

1. Was ist Mobbing?

☐ jemanden verpetzen
☒ jemanden ständig ärgern und quälen
☐ jemanden immer wieder verhauen

2. Wie heißen die fünf Mädchen, die in dieser Geschichte vorkommen?

Gesine	Vanessa	Sibel
Wanda	Jessica	

3. Welche Aussagen stimmen? Mehrere Antworten sind richtig.

☐ Sibel wird von Gesine und Vanessa ständig geärgert.
☐ Gesine schlägt vor, auf dem Schulweg Wanda und Jessica zu ärgern.
☒ Gesine, Vanessa und Sibel machen den Heimweg gemeinsam.
☒ Wanda wirft Jessicas Turnbeutel in einen Baum.
☐ Vanessa klettert in den Baum und holt die Sporttasche wieder herunter.
☒ Sibel hat sich an der Baumrinde den Arm aufgekratzt.

4. Wie haben sich Wanda und Jessica Sibel gegenüber verhalten? Du kannst mehrere Wörter ankreuzen.

☐ gelangweilt   ☒ gemein   ☒ niederträchtig   ☐ gleichgültig   ☒ unfair

5. Fülle die Lücken aus.

Sibel wird von **Wanda** und **Jessica** ständig geärgert. Gesine und Vanessa wollen Sibel darum auf dem **Heimweg** begleiten. Unterwegs beobachten sie, wie Wanda Jessicas Turnbeutel in einen **Baum** wirft. **Sibel** klettert in den Baum und holt den Turnbeutel wieder herunter.

Arbeite mit einem Partner zusammen.

6. Unterstreiche 10 besonders wichtige Wörter. Vergleiche deine Wörter mit denen deines Partners. Legt zusammen eine Liste dieser Schlüsselwörter an.

7. Denke dir Fragen zu der Geschichte aus. Stelle deinem Partner diese Fragen.

8. Erzähle deinem Partner, was geschah.
Einer von euch erzählt, wie es Sibel gelungen ist, auf den Baum zu klettern.
Der andere erzählt, was geschah, als Sibel wieder herunterklettern wollte.

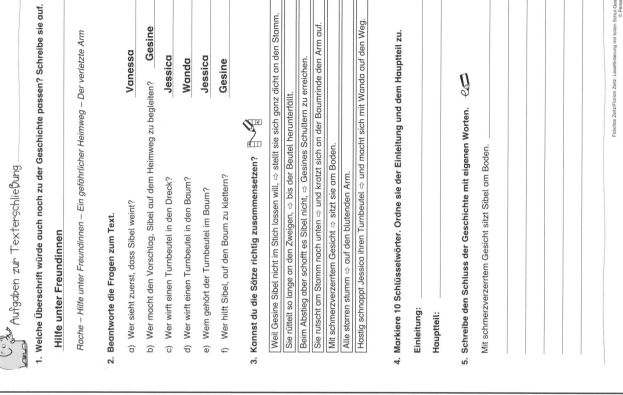

Lösungen — Die Mutprobe

Aufgaben zur Texterschließung

1. Was bedeutet die Überschrift „Die Mutprobe"?
☐ Jemand probiert, mutig zu sein.
☒ Jemand soll seinen Mut beweisen.

2. Wie fühlt sich Kilian wohl, …
a) als er den Ball verschossen hat?
☐ Er ist traurig. ☐ Er ist verzweifelt. ☒ Er fühlt sich schuldig. ☐ Er ist nachdenklich.

b) als er über den Gartenzaun steigt?
☒ Er ist ängstlich. ☐ Er ist wütend. ☐ Er ist neugierig. ☐ Er ist zuversichtlich.

3. Wie steht Lennart zu Kilians Absicht, in Herrn Karbuleits Garten einzudringen?
☐ Er ermutigt seinen Freund, es zu tun.
☒ Er hat Bedenken.
☐ Er versucht, Kilian davon abzuhalten.

4. Beantworte die Fragen zum Text.
a) Worüber beschwert sich Herr Karbuleit? __dass die Kinder seine Pflanzen zerstören__
b) Wer hat ein schlechtes Gewissen? __Kilian__
c) Um welche Zeit versucht Kilian, den Ball wiederzuholen? __gegen sechs Uhr__
d) Warum kann Kilian die Holzkiste nicht öffnen? __ein Schloss hängt davor__
e) Was sollen die beiden Freunde für Herrn Karbuleit tun? __ein Beet umgraben__

5. Welche Ausdrücke passen auch? Schreibe die Wörter auf.
Gartenhäuschen: __Laube__   Unterstand – Garage – Laube – Ferienhaus
Holzkiste: __Holztruhe__   Holzschrank – Holztruhe – Holzkommode – Holzbank

6. Finde die passenden Überschriften für Einleitung, Hauptteil und Schluss.
Einleitung: __Kilians Ungeschicklichkeit__
Hauptteil: __Ein gewagtes Unternehmen__
Schluss: __Noch mal Glück gehabt__

Ein gewagtes Unternehmen – Ottes Strafe – Herr Karbuleit gibt nicht nach – Noch mal Glück gehabt – Kilians Ungeschicklichkeit – Kein Erfolg – Kilian gibt auf

7. Markiere 10 Schlüsselwörter in Einleitung, Hauptteil und Schluss.

8. Denke dir ein Gespräch aus, in dem Lennart versucht, Kilian davon abzuhalten, in den Garten einzubrechen, und schreibe das Gespräch auf.

Aufgaben zur Texterschließung

1. Was stellst du dir unter einer Geschichte vor, die „Die Mutprobe" heißt?
☐ In dieser Geschichte probieren die Kinder aus, wer am mutigsten ist.
☒ In dieser Geschichte soll jemand beweisen, dass er nicht feige ist.

2. Welche Aussage stimmt?
☒ Kilian hat den Ball in den Garten geschossen.
☒ Die Kinder sehen zu, wie Herr Karbuleit den Ball in seiner Laube verstaut.
☐ Otte will seinen Ball wiederhaben.
☐ Kilian will Herrn Karbuleit bitten, ihnen den Ball wiederzugeben.
☒ Lennart schlägt vor, Herrn Karbuleit im Garten zu helfen.

3. Beantworte die Fragen zum Text.
a) Auf welchem Platz spielen die Kinder?
☐ Bolzplatz ☐ Sportplatz ☒ Fußballplatz ☐ Schulhof
b) Wo hat Herr Karbuleit den Ball verstaut? __in einer Holzkiste__
c) Wer will den Ball wiederholen? __Kilian__
d) Wie heißt Kilians Freund? __Lennart__
e) Was sollen die beiden Jungen für Herrn Karbuleit tun?
☐ den Garten umgraben ☐ den Garten aufräumen ☒ ein Beet umgraben

4. Herr Karbuleit sagt zu den Jungen: „Jedes Mal wenn der Ball auf mein Grundstück fliegt, ist wieder Gartenarbeit fällig." Was meint er damit?
☒ Er meint, dass er dann wieder Arbeit im Garten hat.
☐ Er meint, dass die Jungen ihm dann wieder im Garten helfen müssen.

6. Welche Überschriften passen zu welchem Abschnitt?
Einleitung ⇨ Ein schlechter Schuss
Hauptteil ⇨ Ein gefährliches Abenteuer
Schluss ⇨ Die Erleichterung

Arbeite mit einem Partner zusammen.

6. Suche mit deinem Partner die wichtigsten Wörter in der Geschichte. Unterstreicht sie.

7. Erzähle deinem Partner, wie es kam, dass der Ball in Herrn Karbuleits Garten gelandet ist.

Lösungen — Eine Burggeschichte

Aufgaben zur Texterschließung

1. Was könnte man denken, wenn man die Überschrift liest?

☐ Man könnte denken, es handelt sich um eine Rittergeschichte.
☐ Man könnte denken, die Klasse hätte einen Ausflug zu einer Burg gemacht.
☒ Man könnte denken, Kilian und Gesine hätten ein Abenteuer auf einer Burg erlebt.
☐ Man könnte denken, …

2. Kreuze an, wovon die Geschichte handelt.

☐ Gesine bekommt für eine Geschichte über die Burg den ersten Preis.
☐ Gesine erzählt Wanda etwas Falsches über die Burg, damit Wanda keinen Preis bekommt.
☒ Wanda klaut Gesines Idee zu einer Burggeschichte und legt sich damit selbst herein.

3. Im Text stehen einige schwierige Wörter. Ziehe Linien zu den richtigen Bedeutungen.

- Jubiläum ⇔ Erinnerungsfeier, Jahrestag
- Jubiläumsheft ⇔ Festschrift
- Festausschuss ⇔ Leute, die ein Fest organisieren
- Plagiat ⇔ geistiger Diebstahl
- Beifall ⇔ Applaus, Klatschen

4. Beantworte die Fragen zum Text.

a) Aus welchem Anlass sollen die Viertklässler Stadtgeschichten schreiben?
Jubiläumsfeier der Stadt

b) Wer erzählt Gesine, dass die Schule während des Krieges in der Burg untergebracht war?
Herr Kruse, ihr Nachbar

c) Wem verrät Gesine ihre Idee?
Wanda

d) Welche Geschichte wird für das Jubiläumsheft ausgesucht?
Gesines Geschichte über die Jugendherberge

e) Warum wurde Wandas Geschichte abgelehnt?
Der Festausschuss wollte keine Fantasiegeschichten. Die Schule war nie in der Burg untergebracht.

5. Schreibe die Schlüsselwörter der Geschichte auf. Vergleiche deine Liste mit der Liste deines Sitznachbarn. Unterstreicht alle Wörter, die ihr gemeinsam habt.

6. Schildere mit eigenen Worten, was in der Unterrichtsstunde geschieht.

Aufgaben zur Texterschließung

1. Lies den Anfang der Geschichte noch einmal und beantworte folgende Fragen:

a) Wer hat Gesine erzählt, dass im Krieg die Schule in der Burg untergebracht war?
der alte Herr Kruse

b) Wem hat Gesine ihre Idee verraten? **Wanda**

c) Was für eine Geschichte hat Gesine abgegeben?
☒ eine Geschichte über die Jugendherberge   ☐ eine Geschichte über die Burg

2. Lies den Mittelteil noch einmal. Welche Sätze stimmen?

☒ Immer noch ärgerlich beobachtet Kilian im Klassenzimmer, wie Frau Harwig die Zettel mit den Berichten ordnet.
☐ Immer noch ärgerlich beobachtet Gesine im Klassenzimmer, wie Frau Harwig die Hefte mit den Aufsätzen ordnet.
☐ „Die Gewinnerin ist jedenfalls Gesine mit ihrer Geschichte über die Jugendherberge."
☒ „Die Gewinnerin ist jedenfalls Gesine mit ihrer Burggeschichte."

3. Welche Überschrift passt zu welchem Abschnitt?

Einleitung: **Idee verraten**
Hauptteil: **Die Überraschung**
Schluss: **Ein fröhlicher Heimweg**

Die Burg im Krieg – Die Überraschung – Eine ungerechte Entscheidung –
Ein fröhlicher Heimweg – Idee verraten – Ein schlechtes Gewissen

4. Schreibe zu jedem der beiden Abschnitte die 5 wichtigsten Wörter auf.

Einleitung:
Hauptteil:

Arbeite mit einem Partner zusammen.

5. Überlege dir mit deinem Partner, was die beiden Kinder zum Schluss außerdem noch sagen könnten.

Kilian: „
Gesine: „
Kilian: „
Gesine: „

6. Spiele das Gespräch zwischen Gesine und Kilian mit deinem Partner nach.

Lösungen — Geklaut

Aufgaben zur Texterschließung

1. Überschriften sollen neugierig machen, aber sie sollen nicht den Inhalt verraten. Welche Überschriften wären deswegen ungeeignet?

Ein aufregender Nachmittag — (Vergessliche Gesine) — Ein Irrtum — Gesine in Not

2. Hier sind die Sätze durcheinandergeraten. Nummeriere die Zeilen in der richtigen Reihenfolge.

- ② Anschließend soll sie die Jacke ihrer Mutter aus der Reinigung holen.
- ⑥ Als Gesine zu Hause ankommt, erfährt sie, dass sie ihre Geldbörse vergessen hatte.
- ④ Kilian und Gesine suchen das Portmonee, finden es aber nicht.
- ① Gesine muss zum Geigenunterricht in die Schule.
- ⑤ Sie vermuten, dass das Geld geklaut wurde.
- ③ Auf dem Heimweg stellt Gesine fest, dass ihr Geld weg ist.

3. Beantworte die Fragen zum Text.

a) Wie viel Geld gibt die Mutter Gesine mit? __50 Euro__
b) Gesine hat Geigenunterricht. Aber welches Instrument spielt Kilian? __Trompete__
c) Wie heißt die Musiklehrerin? __Frau König__
d) Was soll Gesine aus der Reinigung holen? __die Jacke ihrer Mutter__
e) Gesine und Kilian durchsuchen den __Musikraum__ noch einmal gründlich.
f) Wo ist das Portmonee wirklich? __zu Hause__

4. Welche Überschrift passt zu welchem Abschnitt?

Einleitung: __Gesine erhält einen Auftrag__
Hauptteil: __Das verschwundene Portmonee__
Schluss: __Ein glückliches Ende__

Streit zwischen Kilian und Gesine – Ein glückliches Ende – Das verschwundene Portmonee – Ein Dieb wird entdeckt – Ein interessanter Nachmittag – Gesine erhält einen Auftrag

5. Suche zusammen mit deinem Partner 10 Schlüsselwörter in der Geschichte und schreibt sie auf.

Arbeite mit einem Partner zusammen.

6. Spiele mit deinem Partner die erste Szene: Gesine mit ihrer Mutter zu Hause.
a) Sprecht die Szene mit eigenen Worten.
b) Schreibt dieses Gespräch auf.

Aufgaben zur Texterschließung

1. Worum geht es in dieser Geschichte?
☐ um Diebstahl
☒ darum, dass man niemanden vorab verurteilen soll
☐ darum, wie man sich gegenseitig helfen kann

2. Beantworte die Fragen zum Text.

a) Wer wartet auf Gesine? __Kilian__
b) Gesine soll die __Jacke__ ihrer Mutter abholen.
c) Was kann Gesine nicht finden? __ihr Portmonee__
d) Gesine glaubt, dass __Wanda__ ihr Geld geklaut hat.
e) In Wirklichkeit hat Gesine ihre Geldbörse __zu Hause__ liegen lassen.

3. Wer spricht? Ziehe Linien.

„Kannst du meine Jacke aus der Reinigung holen?", ⇨ fragt die Mutter.
„Da bist du ja endlich!", ⇨ ruft Kilian.
„Mein Portmonee ist weg!", ⇨ stammelt Gesine.
„Du hättest mir doch versprochen, meine Jacke zu holen", ⇨ schimpft die Mutter.
„Jetzt ist ja alles wieder gut", ⇨ tröstet die Mutter.

4. In der Einleitung der Geschichte erfährt man, …
☐ dass Gesine ihre Geldbörse verloren hat.
☐ dass Gesine Kilian nach dem Geigenunterricht trifft.
☒ dass Gesine die Jacke ihrer Mutter abholen soll.

5. Im Hauptteil der Geschichte erfährt man, …
☐ dass Gesine ihre Geldbörse beim Geigenunterricht verloren hat.
☐ dass Gesine ihre Geldbörse zu Hause vergessen hat.
☒ dass Gesine vermutet, dass ihr Portmonee geklaut wurde.

6. Im Schlussteil der Geschichte erfährt man, …
☐ dass Gesine befürchtet, Ärger mit ihrer Mutter zu bekommen.
☒ dass Gesines Mutter die Geldbörse gefunden hat.
☐ dass Gesine 50 Euro mitgenommen hat.

7. Markiere in jedem Abschnitt die wichtigsten Wörter und schreibe sie auf.

Einleitung: _____
Hauptteil: _____
Schluss: _____

Lösungen — Das Gebiss

Aufgaben zur Texterschließung

1. In welchen Raum schickt die Lehrerin Kilian und Lennart?

Frau Harwig schickt Kilian und Lennart in den **Materialraum**.

Sammlungsraum – Materialraum – Werkzeugraum – Kartenraum

2. Was bedeuten diese Ausdrücke?

zögern ⇔	stocken
entsetzt ⇔	erschrocken
etwas wagen ⇔	etwas riskieren
auffallen ⇔	bemerkt werden
seinen Augen nicht trauen ⇔	etwas kaum glauben können

3. Suche passende Verben für „sagen" aus und schreibe sie neben die Textausschnitte.

„Bringt bitte die Landkarte in den Materialraum!" — **auffordern**

„Was ist denn das für'n Teil?" — **sich erkundigen**

„So'n Teil hätte ich jetzt gerne zu Hause." — **wünschen**

„Leih dir das Gebiss doch einfach aus." — **vorschlagen**

„Merkt doch kein Mensch!" — **behaupten**

bedauern – auffordern – wünschen – versuchen – behaupten – sich erkundigen – erinnern – rufen – erkennen – vorschlagen

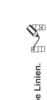

Arbeite mit einem Partner zusammen.

4. Teilt den Text durch Trennlinien in Einleitung, Hauptteil und Schluss ein.

5. Findet für jeden Abschnitt eine passende Überschrift.

Einleitung:
Hauptteil:
Schluss:

6. Schreibt zu jedem Abschnitt die Schlüsselwörter auf.

7. Fasst in wenigen Sätzen den Inhalt der Abschnitte zusammen. Teilt euch die Arbeit auf.

8. Stelle deinem Partner drei Fragen zum Text, die er schriftlich beantworten soll.

Aufgaben zur Texterschließung

1. Was sollen Kilian und Lennart wegbringen?

Kilian und Lennart sollen **die Landkarte** wegbringen.

das Gebiss – den Kartenständer – die Landkarte – das Material

2. Welche vier Personen kommen in der Geschichte vor?

Kilian	Lennart
Frau Harwig	der Schulzahnarzt

3. Welche Aussage ist richtig?

☐ Lennart zieht ein Plastikgebiss aus dem Regal.
☒ Lennart nimmt Kilian das Gebiss aus der Hand.
☒ Kilian steckt das Gebiss in eine Plastiktüte.
☐ Vor dem Klassenraum steckt Kilian die Tüte in seine Jacke.
☒ Vor dem Klassenraum hängt Kilian die Tüte unter seine Jacke.

4. Welche Ausdrücke haben ungefähr die gleiche Bedeutung? Ziehe Linien.

eilig ⇔	geschwind
riesig ⇔	gewaltig
hilflos ⇔	ratlos
verzweifelt ⇔	unglücklich
entspannt ⇔	gelassen

betrachten ⇔	ansehen
flitzen ⇔	rennen
grübeln ⇔	nachdenken
auffallen ⇔	bemerkt werden
klar werden ⇔	einsehen

5. Welche Sätze passen zur Einleitung (E), welche zum Hauptteil (H) und welche zum Schluss (S) der Geschichte? Schreibe die passenden Buchstaben in die Kästchen.

S	Überrascht entdeckt Kilian, dass der Zahnarzt ein anderes Gebiss vorführt.
E	Kilian und Lennart gehen die Treppe zum ersten Stockwerk hinauf.
H	Die Kinder erfahren, dass der Schulzahnarzt kommt.
E	Lennart findet ein Gebiss im Regal.
S	Kilian ist froh, dass er mit dem Schrecken davongekommen ist.
H	Kilian überlegt, welche Ausrede er finden könnte.

6. Was glaubst du, worum es in dieser Geschichte geht?

☒ In dieser Geschichte geht es vor allem darum, dass Kilian seinen Fehler einsieht.
☐ In dieser Geschichte geht es vor allem darum, dass Kilian Gesine erschrecken will.

Lösungen — Das Gespenst im Schuppen

Aufgaben zur Texterschließung

1. Welche Überschrift würde noch zu der Geschichte passen?
☒ Ein unheimlicher Besucher ☐ Geister
☐ Eine Überraschung ☐ Der Einbrecher

2. Was bedeutet „obdachlos"? Es gibt mehrere richtige Antworten.
☒ wohnungslos ☐ verwahrlost ☐ arm ☐ ohne Unterkunft
☒ ohne festen Wohnsitz ☒ kein Dach über dem Kopf ☐ kriminell

3. Trage die Wörter ein, die ungefähr das Gleiche bedeuten.

gruselig	unheimlich	verwahrlost	verlottert
düster	finster	zögernd	zaudernd
ängstlich	furchtsam	typisch	unverwechselbar

verlottert – verdunkelt – erschrocken – haargenau – unheimlich – furchtsam – finster – unverwechselbar – zaudernd – schrecklich – zerfetzt – furchtbar

4. Vervollständige die Sätze.

a) Die Kinder schnappen sich den Schlüssel und **stapfen durch den regennassen Garten.**
stapfen durch den regennassen Garten. – rennen zum Schuppen. – suchen den Schlitten.

b) Kilian sagt: „Mein Schlitten steht **rechts in der Ecke.**"
hinten im Schuppen." – links in der Ecke." – am Fenster." – rechts in der Ecke."

c) Gerade als die Kinder fliehen wollen, **schlägt hinter ihnen die Tür zu.**
kommt das Gespenst auf sie zu. – schlägt hinter ihnen die Tür zu. – bleibt die Gestalt am Fenster stehen. – bleibt Kilian vor Schreck stehen.

d) Gesine sagt: „Darauf müssen wir **einen Schwur leisten.**"
schwören." – einen Eid leisten." – achten." – einen Schwur leisten."

5. Setze die richtigen Überschriften für die drei Abschnitte ein.

Einleitung: **Erwartung**
Hauptteil: **Angst**
Schluss: **Erleichterung**

Sicherheit – Erleichterung – Vorsicht – Angst – Erwartung – Triumph

6. Markiere in jedem Abschnitt die Schlüsselwörter.

7. Schreibe den Hauptteil mit wenigen Sätzen in dein Heft.

Aufgaben zur Texterschließung

1. Es gibt noch ein anderes Wort für Gespenst.
(Geist) Obdachloser Gestalt Einbrecher

2. Beantworte die Fragen zum Text.
a) Wohin gehen die Kinder? **in den Schuppen**
b) Was wollen die Kinder holen? **Kilians Schlitten**
c) Wovor haben die Kinder Angst? **vor einer unheimlichen Gestalt**

3. Was bedeutet …?
a) voller Verblüffung: voller Abscheu (total überrascht) sehr ängstlich
b) ein Obdachloser: (jemand ohne Wohnung) ein Bettler ein heimlicher Besucher
c) einen Schwur leisten: angeklagt sein etwas versprechen (schwören)

4. Gesine sagt: „Euren Schuppen finde ich immer ein bisschen gruselig." Was meint sie damit?
☐ Sie findet den Schuppen gefährlich. ☒ Sie findet den Schuppen unheimlich.
☐ Sie findet den Schuppen dunkel. ☐ Sie findet den Schuppen unordentlich.

5. Wen erkennen die Kinder im Dämmerlicht?
einen Einbrecher einen Geist (einen verwahrlosten alten Mann) einen Dieb

6. Suche die 10 wichtigsten Wörter in der Geschichte. Unterstreiche sie.

7. Die Geschichte besteht aus drei Abschnitten: Einleitung, Hauptteil und Schluss. Setze die passenden Überschriften dafür ein.

Einleitung: **Auf dem Weg zum Schuppen**
Hauptteil: **Eine unheimliche Gestalt**
Schluss: **Der Schwur**

Eine unheimliche Gestalt – Die Schlittenfahrt – Auf dem Weg zum Schuppen – Kampf mit einem Gespenst – Der Schwur – Eine freudige Überraschung

8. Schreibe die Einleitung mit wenigen Sätzen auf.

Lösungen — Im Schwimmbad

Aufgaben zur Texterschließung (Seite 8)

1. Suche eine Überschrift aus, die auch gut zu der Geschichte passen würde. Schreibe sie auf. Denk daran, dass eine Überschrift nicht zu viel verraten darf!

Der überlistete Betrüger

*Der überlistete Betrüger – Kampf um eine Schwimmbrille – Streit unter Freundinnen
Ein Nachmittag im Freibad – Der verlorene Schlüssel – Schwimmbrille gefunden*

2. Welche Aussage stimmt?

- ☐ Gesine hat ihr Handtuch im Umkleideraum vergessen.
- ☒ Kilian und Lennart führen einige verrückte Sprünge am Sprungturm vor.
- ☒ Als Vanessa auf die Uhr guckt, stellt sie fest, dass die Zeit abgelaufen ist.
- ☒ Gesine stellt fest, dass das grüne Band mit dem Schlüssel weg ist.
- ☒ Als sie nach dem Schlüssel sucht, findet sie eine Schwimmbrille.
- ☐ Ein großer Junge behauptet, die Brille gehöre ihm.
- ☒ Kilian nimmt die Schwimmbrille und läuft damit zum Bademeister.
- ☒ Der Bademeister will die Brille ein paar Tage behalten.

3. Der Text lässt sich in sechs Abschnitte einteilen. Bringe die Überschriften in die richtige Reihenfolge.

① **Ein vergessliches Mädchen**
② **Spaß im Hallenbad**
③ **Der verlorene Schlüssel**
④ **Glück im Unglück**
⑤ **Betrugsversuch**
⑥ **Ein verständnisvoller Bademeister**

*Spaß im Hallenbad – Glück im Unglück – Ein verständnisvoller Bademeister –
Der verlorene Schlüssel – Ein vergessliches Mädchen – Betrugsversuch*

4. Unterstreiche im Text 10 Schlüsselwörter und ordne sie den Abschnitten zu.

Einleitung:
Hauptteil:
Schluss:

5. Vervollständige mit eigenen Worten die Sätze in deinem Heft.

a) Gesine gibt Vanessa den Schlüssel, weil …
b) Als sie das Schwimmbad verlassen wollen, stellt Gesine fest, dass …
c) Als Gesine eine Schwimmbrille gefunden hat, versucht …
d) Der Bademeister verspricht, dass der große Junge …

Aufgaben zur Texterschließung

1. Welche Personen kommen in der Geschichte vor?

(Vanessa)   Wanda   Frau Harwig   der Schwimmlehrer   (Kilian)   Otte
(Lennart)   (ein großer Junge)   (der Bademeister)   (Gesine)   ein großes Mädchen

2. Welche Wörter haben ungefähr die gleiche Bedeutung?

- verborgen ⇔ versteckt
- vergeblich ⇔ erfolglos
- verächtlich ⇔ abfällig
- gespannt ⇔ erwartungsvoll
- begeistert ⇔ entzückt
- innehalten ⇔ stocken
- zögern ⇔ abwarten
- entreißen ⇔ wegnehmen
- protestieren ⇔ sich beschweren
- sich einschalten ⇔ unterbrechen

3. Ordne die Sätze den Abschnitten zu.

Einleitung	⇨ Die Kinder haben sich vor dem Hallenbad verabredet. ⇨ Vanessa hat ihr Handtuch vergessen.
Hauptteil	⇨ Als Gesine den Schlüssel sucht, findet sie eine Schwimmbrille. ⇨ Ein großer Junge behauptet, die Brille gehöre ihm.
Schluss	⇨ Am Ende findet Gesine auch den Schlüssel wieder. ⇨ Der Bademeister verspricht, dem Jungen die Brille nicht zu geben.

4. Unterstreiche alle wichtigen Wörter im Text.

5. Wer spricht? Setze die richtigen Namen ein.

a) „Gib mir noch mal den Schlüssel für den Umkleideschrank!", bittet **Vanessa.**
b) „Mist, die Zeit ist um!", sagt **Gesine.**
c) „Ach du Schreck, der Schlüssel ist weg", stammelt **Gesine.**
d) „Wie wär's, wenn wir den Bademeister fragen würden?", schlägt **Kilian** vor.
e) „Guckt mal, ich hab' 'ne Schwimmbrille gefunden!", ruft **Gesine.**
f) „Das ist meine Brille!", behauptet **ein großer Junge.**
g) „Das war's dann wohl", sagt **Kilian.**
h) „Ich behalte die Brille ein paar Tage hier", sagt **der Bademeister.**

Lösungen — Reingelegt

Aufgaben zur Texterschließung

1. Die Geschichte heißt „Reingelegt". Welche Aussage passt zum Inhalt?
- ☐ Wer andere reinlegt, sollte eine Strafe bekommen.
- ☒ Wer Unrecht tut, darf sich nicht beklagen, wenn er reingelegt wird.
- ☐ Wer reingelegt wird, hat Mitleid verdient.

2. Wie gehören die Satzteile zusammen?

Als Kilian den Klassenraum betritt,	⇨	hat er ein ungutes Gefühl im Magen.
Als er die Schultasche zurückstellen will,	⇨	fällt sie ihm aus der Hand.
Hastig	⇨	sammelt Kilian die Sachen wieder ein.
Dabei fällt sein Blick	⇨	auf einen zusammengefalteten Zettel.
Kurzentschlossen	⇨	steckt er den Zettel ein.

3. Was bedeuten diese Ausdrücke?

a) Gesine sagt: „Das geht mir echt auf den Geist!"
- ☐ Das ist gemein. ☒ Das ärgert mich. ☐ Das verletzt mich. ☐ Das ist ungerecht.

b) Kilian sagt: „Wenn die Aufsicht mich sieht, bin ich dran."
- ☐ ... werde ich ausgelacht. ☐ ... habe ich kein Glück. ☒ ... bekomme ich Ärger.

c) Gesine sagt: „Damit hast du ihn in der Hand!"
- ☐ Jetzt ist bewiesen, dass Otte gelogen hat. ☒ Jetzt kannst du ihn unter Druck setzen.
- ☐ Jetzt hast du Glück. ☐ Jetzt kannst du ihn auslachen.

4. Welche Sprichwörter passen zu Einleitung, Hauptteil und Schluss?

Einleitung: **Gut geplant ist halb gewonnen**
Hauptteil: **Wer nicht wagt, der nicht gewinnt**
Schluss: **Wer zuletzt lacht, lacht am besten**

*Ein Unglück kommt selten allein – Wer zuletzt lacht, lacht am besten – Ohne Fleiß kein Preis
Aller guten Dinge sind drei – Wer nicht wagt, der nicht gewinnt – Gut geplant ist halb gewonnen*

5. Suche die Schlüsselwörter in Einleitung, Hauptteil und Schluss. Schreibe sie auf.

Einleitung:
Hauptteil:
Schluss:

Aufgaben zur Texterschließung

1. Lies den ersten Abschnitt der Geschichte und setze die richtigen Wörter ein.

a) Welchen Spitznamen hat der Junge, neben dem Kilian sitzt? **Otte**
b) Der Junge will Kilians neuen **Farbkasten** nicht wieder hergeben.
c) Gesine schlägt vor, Kilian solle in der Pause heimlich in die **Klasse** schleichen und sich den Farbkasten aus **Ottes** Ranzen holen.

2. Was geschieht, als Kilian im Klassenraum ist?
- ☒ Wütend wirft Kilian Ottes Schulsachen auf den Boden.
- ☐ Kilian fällt die Schultasche aus der Hand.
- ☒ Gründlich durchsucht Kilian Ottes auf dem Boden liegende Schulsachen.
- ☒ Kilian findet einen Brief von Otte an Jessica.

3. Hier stehen drei Kurzfassungen der Geschichte. Welche stimmt?
- ☒ Um Ottes neuen Farbkasten zu bekommen, muss Kilian ihn reinlegen. Otte hat Kilians Farbkasten mitgenommen und will ihn nicht wieder hergeben. Doch Kilian kann ihn überlisten.
- ☐ Otte will Kilians neuen Farbkasten nicht wieder hergeben. Kilian plant, sich den Brief aus Ottes Schultasche zu holen, um so seinen Malkasten wiederzubekommen.

4. Welche Ausdrücke bedeuten ungefähr das Gleiche?

kurzentschlossen	⇨	spontan
ein ungutes Gefühl haben	⇨	ängstlich sein
jemanden in der Hand haben	⇨	gegen jemanden ein Druckmittel besitzen
hastig	⇨	in großer Eile

5. Suche eine passende Überschrift für Einleitung, Hauptteil und Schluss.

Einleitung: **Gesines Plan**
Hauptteil: **Eine heimliche Aktion**
Schluss: **Kilians Triumph**

Eine heimliche Aktion – Auf dem Schulhof – Gesines Plan – Kilians Triumph – Auf dem Heimweg

6. Schreibe in einem Satz auf, was Kilian in Ottes Schultasche findet.

Lösungen — Tests

Der Glücksbringer – Test

Name: _____ Datum: _____

1. Wohin sind die Schüler gefahren?
- ☒ zum Hollenfels
- ☐ zum Hollenstein
- ☐ zum Hohenstein

2. Frau Harwig ermahnt die Kinder:
- ☐ „Alle bleiben zusammen!"
- ☒ „Niemand steigt über ein Geländer!"
- ☐ „Keiner darf die anderen schubsen!"

3. Welchen Glücksbringer hat Nayan mitgebracht?
- ☐ ein Medaillon
- ☐ eine Perlenkette
- ☒ eine Kette mit Anhänger

4. Fülle die Lücken aus.

__Lennart__ nimmt Nayan den Glücksbringer ab. Er tut so, als ob er ihn über das __Geländer__ werfen würde. __Kilian__ reißt ihm den Glücksbringer aus der Hand und __wirft__ ihn Nayan zu.

5. Wer ist verantwortlich für den Unfall mit dem Anhänger?
- ☒ Lennart und Kilian, denn sie haben beide nicht gut genug aufgepasst.
- ☐ Nur Lennart, denn Kilian wollte Nayan ja nur helfen.
- ☐ Nur Kilian, denn Lennart hatte den Glücksbringer ja gut festgehalten.
- ☐ Nayan, denn er hätte seinen Glücksbringer gar nicht mitbringen sollen.

6. Welche Rolle spielt Gesine bei der Rettungsaktion?
- ☐ Sie verpetzt Kilian.
- ☐ Sie verlässt sich ganz auf die Erwachsenen, weil sie denkt, dass diese ausgeführt wird.
- ☒ Sie hat die richtige Idee und sorgt dafür, dass diese ausgeführt wird.
- ☐ Sie hilft nicht wirklich. Nur der Busfahrer hilft.

7. Welche Rolle spielt das Seil bei der Rettungsaktion?
- ☒ Durch das Seil ist Kilian vollkommen gesichert.
- ☐ Durch das Seil fühlt sich Kilian sicher und schafft so den Rückweg.
- ☐ Das Seil ist im Grunde überflüssig, denn Kilian geht ja letztlich doch allein zurück.

8. Warum schimpft Frau Harwig Kilian aus?
- ☒ Weil Kilian sich in Gefahr gebracht hat.
- ☐ Weil Kilian sich etwas zutraut, das er dann doch nicht kann.

Du hast _____ von 11 Punkten erreicht.

Eine Wand für alle – Test

Name: _____ Datum: _____

1. Wie heißt das Ballspiel, das Kilian und Lennart spielen wollen? __Eule__

2. Was spielen die beiden kleineren Jungen? __Federball__

3. Wie heißen die beiden kleineren Jungen? __Kevin__ __Malte__

4. Warum wollen Kilian und Lennart an dieser Wand spielen?
- ☐ weil sie an dieser Wand ungestört sind
- ☐ weil es an dieser Wand windstill ist
- ☒ weil die Wand keine Fenster hat
- ☐ weil sie an dieser Wand niemand sieht

5. Wie steht Herr Beier zu dem Konflikt?
- ☐ Herr Beier hat gesehen, was passiert war, und fand es nicht gut.
- ☐ Herr Beier hält natürlich erst einmal zu den jüngeren Schülern.
- ☒ Herr Beier weiß zunächst nur, was die Drittklässler ihm gesagt haben.
- ☐ Herr Beier findet, dass die Schüler solche Konflikte gefälligst allein klären sollen.

6. Als die Drittklässler stumm weiterspielen, schießt Lennart den Ball gegen die Wand. Das war …
- ☒ unfair. Die kleineren Jungen einfach wegzudrängen ist keine faire Lösung.
- ☐ in Ordnung, denn die Drittklässler haben sich ja im Grunde genauso verhalten.

7. Da hat sich die Gerechtigkeit doch durchgesetzt, denkt Kilian zufrieden. Kilian hat …
- ☐ recht, denn es ist ungerecht, dass die Drittklässler den einzigen Platz besetzen, an dem man „Eule" spielen kann.
- ☒ unrecht, denn er sieht nur seine eigenen Gründe, nicht die der anderen Jungen.
- ☐ recht, denn freiwillig wären die Drittklässler nicht weggegangen.

8. Wie stehen die beiden jüngeren Kinder zu Kilian und Lennart?
- ☐ Sie haben Angst vor Kilian und Lennart.
- ☒ Sie haben nichts dagegen, mit Kilian und Lennart zusammen zu spielen.
- ☐ Sie wollen, dass die großen Jungen von Herrn Beier bestraft werden.

9. Am meisten hat die Drittklässler geärgert, …
- ☐ dass sie nicht mehr Federball spielen konnten.
- ☐ dass die Viertklässler stärker sind als sie.
- ☒ dass sie nicht gefragt wurden, ob sie bei Kilian und Lennart mitspielen wollen.

10. Wie heißt der letzte Satz der Geschichte?
- ☐ Leicht verlegen geht Kilian weg.
- ☐ Leicht verlegen sieht Kilian Lennart an.
- ☒ Leicht verlegen schießt Kilian den Ball gegen die Wand.

Du hast _____ von 11 Punkten erreicht.

Lösungen — Test

Die Kajakfahrt – Test

12

Name: _____ Datum: _____

1. Wie sind die Boote besetzt?

In jedem Boot sitzen jeweils **ein Junge und ein Mädchen.**

2. Was verteilt Herr Beier an alle Schüler? **Schwimmwesten**

3. Warum kehrt Herr Beier noch einmal um?

Er will **sich um die Zurückgebliebenen kümmern.**

4. Warum kämpfen Kilian und Lennart mit den Paddeln?

☐ Kilian ist sauer, weil Lennart ihn nassgespritzt hat.
☒ Sie kämpfen nur zum Spaß.
☐ Kilian kämpft gegen Lennart, weil er ihn nicht vorbeilassen will.

5. Was ist bei dem Kampf passiert?

☐ Kilians Paddel ist abgebrochen.
☐ Kilian hat sein Paddel mit dem von Ricki vertauscht.
☐ Kilian hat sich an seinem Paddel verletzt.
☒ An Kilians Paddel hat sich ein Paddelblatt gelockert.

6. Fülle die Lücken aus.

In einer sandigen Bucht wird eine Pause gemacht. Die Schüler ziehen die **Kajaks** auf den Strand und legen die **Paddel** in den **Sand**.

7. Wie geht es Kilian auf dem Rückweg?

☐ Kilian sieht schadenfroh, wie Ricki mit seinem Boot Probleme hat.
☐ Kilian ist heilfroh, dass er wieder ein unbeschädigtes Paddel hat.
☒ Kilian ist erst erleichtert, doch dann beginnt er, sich schuldig zu fühlen.

8. Wie ist die Situation, nachdem Kilian zugegeben hat, das Paddel beschädigt zu haben?

☒ Kilian muss zwar etwas von seinem Taschengeld hergeben, fühlt sich aber jetzt nicht mehr so schuldig.
☐ Weil Kilian zugegeben hat, das Paddel beschädigt zu haben, darf er jetzt sein Taschengeld behalten.
☐ Kilian hätte besser nichts zugeben sollen. Dann hätte er auch nichts bezahlen müssen.

Du hast _____ von 10 Punkten erreicht.

Mit Sprache experimentieren und Kinder individuell fördern!

Inge Schmidtke
Lesestrategien: Erzähltexte/Sachtexte
Methoden und Tests zur Texterschließung

Wie erschließt man sich unbekannte Wörter? Wie gliedert man Stichworte zu einem Text? Mit Hilfe dieser Bände leiten Sie Ihre Schüler dazu an, sich selbstständig Texte zu erschließen. Zu jeder Lesestrategie liegen mehrere motivierende Texte in unterschiedlichem Schwierigkeitsgrad vor, an denen die Schülerinnen und Schüler in Einzel-, Partner- oder Gruppenarbeit gezielt Lesestrategien anwenden können. Ein Leseheft als Portfolio dient dazu, die Strategien zu generalisieren und zu übertragen. Ausgewählte Tests zu den Lesestrategien zeigen Ihnen, was die Kinder gelernt haben.

Aus dem Inhalt:
Erzähltexte: Fragen zu einem Text stellen, Einen Text vortragen, Eine Geschichte mit verteilten Rollen lesen, Eine Figur beschreiben, Schlüsselbegriffe finden und verstehen
Sachtexte: Einem Text wichtige Informationen entnehmen, Stichwörter zu einem Text finden, Einen Text in Abschnitte gliedern, Wichtiges im Text unterstreichen, Zwei Texte miteinander vergleichen
So machen Sie Ihre Schüler zu Lese-Strategen!

Erzähltexte
Buch, 118 Seiten, DIN A4
3. und 4. Klasse
Best.-Nr. 3308

Sachtexte
Buch, 92 Seiten, DIN A4
3. und 4. Klasse
Best.-Nr. 3307

Edmund Wild
Besser bei Lese-Vergleichsarbeiten
Differenziertes Trainingsmaterial

Leseverständnis ist und bleibt die Schlüsselkompetenz für alle Fächer! Um die Leistungen der Schüler zu verbessern und um bei Lesevergleichsarbeiten mit der Klasse in Zukunft gut abzuschneiden, brauchen Sie passgenaues Trainingsmaterial. Das Buch enthält dazu Arbeitsblätter mit 11 verschiedenen Übungstypen zum Leseverständnis. Es umfasst unterschiedliche Textsorten mit ansteigendem Schwierigkeitsgrad, mit Angabe des jeweiligen Lernziels/IGLU-Kriteriums und Lösungen. Ausgangspunkt der Aufgaben ist immer ein eigenständiger Text. Bei der Bearbeitung gibt es vielfältige Möglichkeiten: Die Kinder bringen einen Text in die richtige Reihenfolge, tragen ihn in eine Tabelle ein, ordnen Bilder und Texte einander zu oder sie stellen den Inhalt grafisch dar. Alle Arbeitsblätter können als Lernkontrolle eingesetzt werden.
Ob IGLU, VERA oder schulinterne Vergleichsarbeiten - so schneiden Ihre Schüler gut ab!

Buch, 84 Seiten, DIN A4
3. und 4. Klasse
Best.-Nr. 3260

Hermann Josef Winzen
Mit Textschlüsseln Erzähltexte/Sachtexte erschließen
Lesestrategien für verschiedene Texte

Die wichtigsten Informationen aus einem Text zu entnehmen, zu beurteilen und zu bewerten - das ist für viele Schüler gar nicht so einfach. Gut, dass es diese Materialien gibt! Ausgehend von textspezifischen Erschließungsverfahren bieten die Bände vielfältige Arbeitsblätter zu einzelnen Texten und zu Textvergleichen. Ihre Schüler lernen, über das Lesen von Texten nachzudenken, sich mit Inhalt und Aufbau einzelner Texte auseinander zu setzen und selbstständig Strategien zur Texterschließung anzuwenden. So machen Sie Ihre Schüler Schritt für Schritt mit Textschlüsseln vertraut. Die Aufgaben orientieren sich an den Bildungsstandards Deutsch und den Lehrplananforderungen für die Grundschule.

Sachtexte
Buch, 100 Seiten, DIN A4
3. und 4. Klasse
Best.-Nr. 3328

Erzähltexte
Buch, 100 Seiten, DIN A4
3. und 4. Klasse
Best.-Nr. 3329

Unser Bestellservice:

Das komplette Verlagsprogramm finden Sie in unserem Online-Shop unter

www.persen.de

Bei Fragen hilft Ihnen unser Kundenservice gerne weiter.

Deutschland: ☏ 0 40/32 50 83-040 · Schweiz: ☏ 052/366 53 54 · Österreich: ☏ 0 72 30/2 00 11

Sachtexte lesen und verstehen!

Ellen Müller
Spannende Sachtexte lesen und verstehen

Mit Kopiervorlagen

Können Adler wirklich Menschenkinder rauben? Wie kam die Kartoffel nach Deutschland? Durch den Spaß an den unterhaltsamen und lehrreichen Texten zu verschiedenen Wissensgebieten erweitern die Kinder ihr Umweltwissen und verbessern ihre Lesefähigkeit. Mit einem vielfältigen Aufgabenspektrum (Fragen zum Text, Stichpunkte schreiben usw.) führen Sie die Kinder zu den grundlegenden Arbeitsverfahren und helfen ihnen, gezielt Informationen aus einem Text zu entnehmen.
Mit Arbeitsblättern in unterschiedlichen Schwierigkeitsgraden!

Buch, 86 Seiten, DIN A4
2. bis 4. Schuljahr
Best.-Nr. 3863

Joachim Borchers
Spannende Sachtexte zum Körper

Kopiervorlagen für den Deutsch- und Sachunterricht

Spannende Texte rund um Themen wie Atmung, Sinnesorgane, gesunde Ernährung oder Skelett vermitteln nicht nur Sachwissen, sondern machen Spaß und neugierig auf die Grundfunktionen des menschlichen Körpers. So vermitteln Sie Ihren Kindern die Methoden des aktiven Wissenserwerbs und regen sie an zur handelnden Auseinandersetzung mit den unterschiedlichsten Sachverhalten. Die Arbeitsblätter sind hervorragend geeignet für das Lernen im Klassenverband, für die Freiarbeit und für Vertretungsstunden.
So machen Sie Ihre Schüler neugierig!

Buch, 104 Seiten, DIN A4
Ab 2. Schuljahr
Best.-Nr. 3714

Karin Hohmann
Trainingsprogramm zur Steigerung der Lesefertigkeit – 2./3. Klasse

Motivierende Arbeitsblätter zum Lesenüben

Wenn der Leselehrgang abgeschlossen ist, ist es für viele Kinder noch ein weiter Weg zum genauen, schnellen und sinnerfassenden Lesen. Hier schlägt das „Trainingsprogramm zur Steigerung der Lesefertigkeit" eine Brücke. Zu jedem der 5 Kapitel des Buches gibt es zahlreiche Übungsblätter, ein 3- oder 4-Tage-Hausaufgaben-Training und einen abschließenden Test sowie Lösungen für die Selbstkontrolle. Die Trainingsaufgaben steigen im Schwierigkeitsgrad an und können vielseitig eingesetzt werden: in individualisierten Unterrichtsabschnitten, in Fördergruppen und zur häuslichen Übung.
Mit tollen Ideen für einen fächerübergreifenden Unterricht!

Buch, 70 Seiten, DIN A4
2. und 3. Klasse
Best.-Nr. 3368

Heiner Müller
Wir lesen einfache Sachtexte mit Selbstkontrolle

Pfiffige Rätsel und Anmalbilder zu einfachen Sachthemen

Die einfachen Sachtexte ermuntern ihre Schülerinnen und Schüler dazu, den Dingen auf den Grund zu gehen. Lesetexte aus dem Lebensumfeld der Kinder, ansprechende Illustrationen, Rätsel mit Selbstkontrollmöglichkeit und ansprechende Anmalbilder laden zum Mitmachen ein. In jedem Band werden jeweils 16 interessante Sachthemen abwechslungsreich behandelt. Eine ideale Sammlung für den Deutsch- und Sachunterricht!
Lesen, Malen, Rätselraten im Deutsch- und Sachunterricht.

Mappe mit Kopiervorlagen, 53 Seiten, DIN A4
2. Schuljahr
Best.-Nr. 2476

Mappe mit Kopiervorlagen, 53 Seiten, DIN A4
3. Schuljahr
Best.-Nr. 2477

Mappe mit Kopiervorlagen, 53 Seiten, DIN A4
4. Schuljahr
Best.-Nr. 2478

Unser Bestellservice:

Das komplette Verlagsprogramm finden Sie in unserem Online-Shop unter

www.persen.de

Bei Fragen hilft Ihnen unser Kundenservice gerne weiter.

Deutschland: 0 40/32 50 83-040 · Schweiz: 052/366 53 54 · Österreich: 0 72 30/2 00 11